新时代
员工岗位精神

周瑞昌 王 刚◎著

岗位精神是一种力量

一旦你拥有了它，它将不停地推动你前行！

中华工商联合出版社

图书在版编目（CIP）数据

新时代员工岗位精神 / 周瑞昌，王刚著. — 北京：中华工商联合出版社，2019.7

ISBN 978-7-5158-2513-7

Ⅰ.①新… Ⅱ.①周… ②王… Ⅲ.①企业-职工-职业道德 Ⅳ.①F272.921

中国版本图书馆CIP数据核字（2019）第106747号

新时代员工岗位精神

作　　者：周瑞昌 王　刚
责任编辑：付德华 俞　芬
封面设计：安然设计工作室
责任审读：于建廷
责任印制：迈致红
出版发行：中华工商联合出版社有限责任公司
印　　刷：大厂回族自治县德诚印务有限公司
版　　次：2019年8月第1版
印　　次：2019年8月第1次印刷
开　　本：787mm×1092mm　1/16
字　　数：160千字
印　　张：13.75
书　　号：ISBN 978-7-5158-2513-7
定　　价：42.00元

服务热线：010-58301130
销售热线：010-58302813
地址邮编：北京市西城区西环广场A座
19-20层，100044
Http://www.chgslcbs.cn
E-mail：cicapl202@sina.com（营销中心）
E-mail：gslzbs@sina.com（总编室）

序言

怎样才算是企业的好员工？每个人对此的理解也许有所不同。有人说默默奉献的人就是好员工，有人说会思考、敢于实践的人就是好员工……这些答案都是对的。要想成为一名优秀的好员工，不光要具有爱岗敬业、默默奉献的精神，还要学会自律服从、开拓创新，只有具备这样的素质，我们才能在自己的岗位上有所作为。

面对同一份工作岗位，有的人做出了卓越的成绩，而有的人却碌碌无为，原因何在？关键在于有的人在自己的岗位上热情投入，有的人只是敷衍了事；有的人负责认真，有的人推诿扯皮；有的人服从领导、与同事协同合作，有的人阳奉阴违；有的人自律自强，有的人放纵自我；有的人主动作为、积极思考，有的人死板机械。不一样的岗位精神，注定了不一样的职业生涯。

每个工作岗位都是社会所需，没有所谓的好坏之分、高低之别，每个工作岗位都是我们展示自己的舞台。只要认真负责、勤奋努力地去工作，即使我们处在再平凡的岗位，也一样可以创造出辉煌的业绩。像热爱生命一样热爱工作岗位，像坚守使命一样坚守岗位，这是一个员工岗位精神的核心体现。

有的人好高骛远，自命不凡，看不起自己的岗位，其实，远大的理想也是从微末开始，辉煌的成就也是从平凡中孕育。所以，要接受自己的岗位，完成自己的工作，提升自己的技能，不仅要因为喜欢才干这一行，还要做到干这行、爱这行。一旦你决定要从事某种职业，就必须充满热情，不断地鼓励自己、提高自己，让自己把全部的精力倾注到工作中去，全神贯注，全心全意，专心致志，热爱自己的工作，珍惜自己的工作，在工作中发掘自己的潜力。

尊重工作岗位就是尊重自己，因为每一份工作岗位都是一种人生，每一份工作岗位都是我们迈向成功的途径。热爱我们的工作岗位，珍惜每一个机会，发现工作岗位的价值，找到自我发展的机遇。

目 录

第一章　热爱——带着使命感工作

工作来之不易，需要我们珍惜热爱；岗位不论贵贱，都能成为我们通向成功的平台。将你的热情全部浇灌在你的岗位上，你一定会收获成功的花朵。

工作无优劣，岗位无贵贱

乞丐羡慕服务员，服务员羡慕白领，白领羡慕公司高管……生活中的每个人似乎都在羡慕别人，其实，大可不必如此，不管是公务员还是保洁员，不管是编程序还是编手工，任何岗位都是社会所需。所以，不必纠结，不要因为工作而感到自卑。

生活中，太多人看不起自己所从事的工作，因为他们不清楚工作蕴含的价值，感受不到工作带来的幸福。带着这样的情绪，他们工作毫无激情，他们把更多的精力放在如何摆脱这份工作上。所以，他们对工作更多的是敷衍，是应付，在一天又一天的“凑合”中，才华被埋没，才情被消磨。

有的工作看起来并不那么高雅，工作环境差，社会认可度低，但这些都不能成为否定它的理由，只要是社会所需要的，就是值得为之奋斗的工作。

在很多人看来，公务员、白领才是最好的工作，这类工作被社会认可，被别人羡慕，于是，很多人穷尽一生去追求这样的岗位，不惜浪费大量的精力和时间。其实，他们忽略了一个事实，假如他们将这些精力和时间投入到现有的工作中，他们一样会脱颖而出。

张帆今年27岁，虽然他学历不高，但他为人上进。按照常人的思维，他应该去找一份更体面的工作，总之，不该在这个高档小区做个普通的保洁员。很多人劝他，赶快离开这里，另谋出路，但他总是笑笑，不争辩，也不解释。

他工作一丝不苟，他负责的楼栋卫生永远是最干净的，而且，他不光对自己的工作负责，还经常帮助其他人干些力所能及的事情。

一次，在日常保洁过程中，他发现了一处安全隐患，他并没有因为这不是自己的工作范畴而熟视无睹，而是仔细查看，并将情况及时报告上去，避免了一起安全事故。

他工作踏实，而且还经常思考，思考如何做，才能把工作做得更好。他一方面总结自己的经验，一方面查阅相关资料，写出了一份5000多字的保洁工作改进方案，并把这份方案提交给了领导。经过论证，这份方案中的大部分意见和建议都被公司采纳了，经过测算，他的方案每年可以为公司节约大约10万元的开支。很快，张帆被公司任命为保洁部的经理。

张帆之所以在看似平凡甚至卑微的岗位上干出了不一样的成绩，凭借的正是他对工作的这份热爱。他将自己的全部精力投入到工作中，在保洁员的岗位上大放异彩。

轻视自己的工作就是看不起自己，想要在平凡的工作岗位上做出不平凡的成绩，我们就必须热爱自己的岗位，用专注的态度对待自己的工作，勤勤恳恳、兢兢业业。

王顺友是雪域高原上一个普通的乡村邮递员，但是，就是在这样平凡的工作岗位上，他的故事感动了亿万中国人。20年来，他走了26万公里，可绕地球6圈，他每年投递报纸8000多份、杂志700多份、函件1500多份、包裹600多件，投递准确率达到100%。

一个人、一匹马、一条路和一颗热爱岗位的心。20年来，他一个人跋山涉水、风餐露宿，准时地把一封封信件、一本本杂志、一张张报纸准确无误地送到用户手中。这一路走来，他从来没喊过累、叫过苦。

1988年的一天，他送邮件来到雅砻江边，把溜索捆在腰上，向雅砻江对岸滑过去。不料，快到对岸时，溜索上的绳子突然断裂，王顺友从两米多高的空中摔在了河滩上。他不顾身上的伤势，“噌”地一下爬起来，毫不犹豫地跳进湍急的江中打捞邮件。几经搏斗，他终于将所有的邮件都抢了上来。此时，王顺友累得瘫倒在河滩上。他只休息了一会儿，便又背上邮件向目的地走去。

王顺友说过：“乡村邮递员是我的本职工作，再大的苦也要忍。”他还说：“哪个不害怕死哟，但是，人总有一死，如果是为工作而死，值得！”这就是一个普通乡村邮递员的爱岗之心，这就是他能够在平凡岗位上做出辉煌成绩的关键。邮递员是再平凡不过的工作，但王顺友用自己的脚、自己的心，让这个平凡的岗位散发出耀眼的光芒。

不论你对自己的工作是否感兴趣，都要从社会和企业需要的角度出发，培养兴趣，努力热爱工作，这才是有工作觉悟的表现。有句话说得好：“选择你所爱的，爱你所选择的。”以正确的态度对待自己的岗位，一个人一旦爱上了自己的职业，将是他最大的幸福。

俗话说：“三百六十行，行行出状元。”岗位没有贵贱之分，决定成就的只有态度。马丁·路德·金曾经说过："如果你是一名清洁工，也要像米开朗琪罗绘画、贝多芬谱曲、莎士比亚写诗那样对待自己的工作，这样，你就会从中发现很大的乐趣。"好的态度是制胜的关键，一个拥有良好工作态度的人，不管他在什么岗位、从事什么工作，总能拥有属于自己的一片天。

请你记住：

·岗位不存在贵贱优劣、层次高低之分，划分它们的往往是从事这项工作的人自身的态度。

·热爱工作不能仅仅只是一句口号，而是要落实到行动中来。

不要抱怨你的工作

珍惜才能一直拥有，感恩才能不断进步。很多人好高骛远，不珍惜眼前所拥有的，妄图追求那些不切实际的东西，到最后连本已拥有的也丢失了，才追悔莫及。我们要好好珍惜自己的工作，要把心思全部放在干事情上，要把才能全部发挥在工作上，只有这样，我们才能在工作中实现个人价值，才能促进企业发展。

人一生中的大部分时间都是在工作中度过的，甚至可以说，工作岗位就是一个人的人生舞台，工作的成败就是人生的成败。只有像珍惜生命一样去珍惜自己的工作，我们才能在工作岗位上大放异彩，才能活出不一样的人生。

有些人自命不凡，常常抱怨自己的才华被埋没，不屑于干一些小事，认为自己天生就是应该干大事的人；有些人自视甚高，总是一副舍我其谁的面孔，认为岗位离不开自己，企业离不开自己。这些人从没想过，这个世界离开谁都照常运转，岗位没了你，自然有其他人代替，而你离开了岗位，却失去了养活自己和家人的资本，失去实现人生目标的舞台。

生活中，其实很多人已经拥有了令人羡慕的工作，他们有社会认可的地位，有宽阔整洁的办公室，有干净舒适的环境，有优厚的薪酬福利，但他们身在福中不知福，不珍惜眼前的工作。他们把工作当成负担，对待工作永远是敷衍了事。他们不把心思放在工作上，只顾贪图安逸，按月领取工资，甚至有人利用职权，干一些徇私舞弊、损公肥私的事。如果对工作抱着这样的态度，他们注定会失去工作，会迷失方向。

刘小涛是一家汽修厂的修理工，从进厂的那天起，他就不停地抱怨，不是嫌场地太脏，就是嫌修理工作太累。带着这样的情绪去工作，他每天都是应付了事，应付自己的师傅，应付自己的客户。上班时间，刘小涛总是盯着自己的师傅，只要师傅一离开，他立马脱离岗位，不是去抽根烟，就是去喝口水。有时遇到太脏太累的活，他还谎称自己生病，以此来逃避工作。

一晃几年过去了，同刘小涛一起进厂的两个人，一个凭借自己学到的高超技艺，跳槽到另外一家厂，当上了技术顾问，另一个凭借着自身的努力，被工厂送到国外进行深造。只有刘小涛还是个普通的修理工，依然每天活在抱怨中。

刘小涛被抱怨蒙蔽了双眼，看不到工作的价值和意义，看到的只有辛苦和不公，所以他消极怠工，得过且过。这样不珍惜工作的态度捆住了他的双脚，封闭了他的心灵，最终让他丧失了向上的勇气和动力，只能自怨自艾。

人口不断增加，劳动力越来越多，就业压力越来越大，甚至大学生找工作都越来越难。2004年有280万高校毕业生，2018年有820万高校毕业生，这组数据不光让我们感受到压力，更让我们觉得庆幸，我们应该庆幸自己已经有了一份工作。我们现在要做的就是要加倍珍惜现在的工作，努力让自己成为岗位不可或缺的人。

两个刚毕业的大学生应聘进了同一家公司，公司把他们都安排在了后勤部，他们的工作主要是复印资料、准备会议，或者临时抽调到其他部门帮忙。

刚开始，两个人工作都很有热情，对分配给自己的工作都尽心尽力办好，但随着时间的流逝，其中一个人开始对工作敷衍应付，甚至以各种理由推脱。而且，他自视甚高，总觉得自己是大材小用。

而另一个人却恰恰相反，他对待工作勤勤恳恳、任劳任怨，即使接到了自己不太擅长的工作，他也会努力将它做好。一次，新来的销售总监要一份销售方案，他复印好后送了过去。总监看完后，大为不满，误以为方案是他做的，要求他立即重做一份。他本想解释，但总监盛怒之下，根本不给他解释的机会，他只好退了出去。恰巧，负责这个项目的同事出差了，总监又要得很急，于是，他研读方案，查找资料，重新做了一份方案，给总监送了过去。这次总监比较满意，当得知他并非销售部员工时，更是对他大加赞赏。

一年实习期过后，两个人的表现是天差地别，积极认真的大学生被分到了销售部，而爱抱怨的大学生依然在后勤部端茶倒水。

经常抱怨，动不动就辞职不干，是不珍惜工作的表现。同样，不思进取、对工作敷衍了事也是不珍惜工作的表现。当你有幸得到一份工作时，不能自我满足，更不能在岗位上消磨时光，要不断进取，竭尽全力做好自己的工作。

没有工作，你就失去了生活的幸福之源；没有工作，你就失去了实现价值的舞台；没有工作，你的人生将会黯淡无光。所以，请珍惜你的工作。

请你记住：

·工作来之不易，且行且珍惜，否则，你将重新踏上万人过独木桥的求职路。

·不是工作需要你，而是你需要工作。当你被工作抛弃时，你面对的将是家人生活的窘迫、人生理想的破灭。

热爱自己的岗位

喜欢一个人就要喜欢他的全部，否则，两个人就会产生矛盾；同样，我们干一份工作，就要爱它的全部。一份工作是好是坏，完全取决于你的心态。如何去工作，主动权掌握在我们自己手上，既然如此，我们何不快乐地工作呢？

每个人都应该热爱自己的工作，即使你一开始并不喜欢这份工作，但既然选择了，你就要改变自己的心态，试着去喜欢它。事实上，你越热爱自己的工作，你的工作效率就越高。当你抱有热情时，工作就不再是一件苦差事，而会变成一种乐趣，于是，你会迸发出巨大的潜力，创造出属于自己的辉煌。

有时候，我们不得不去做一些自己厌恶的工作，即使是一份不错的工作，做的时间长了，我们也会感觉枯燥乏味。当出现这样的负面情绪时，如果不能及时化解，将严重影响工作效率。一些人工作环境优美，薪酬优厚，但他们仅仅把工作当成换取报酬的工具，他们在工作中感受不到任何乐趣，只是在混日子，这样的人不可能取得成功。

工作对于我们每个人来说都是一场修行，在工作中修炼自己，在枯燥的坚守中升华自我，坚守过后就是彩虹。

在一个炎热的夏天，三个保洁员正在街道上打扫卫生。第一个保洁员紧皱双眉，一副厌恶的表情，可想而知，工作对他来说就是负担；第二个保洁员不悲不喜，慢条斯理地干着手上的活；而第三个保洁员满脸洋溢着欢乐，他一边吹着口哨一边扫地，手中的扫帚上下翻飞。

当有人问三个保洁员为什么工作时，第一个人说："我之所以做这份该死的工作，就是为了每天挣几十块钱，好养家糊口。"第二个人以调侃的语气说："我想把街道打扫干净。"只有第三个人自豪地说："我希望这座城市变得更干净、更美丽。"

几年后，第一个人依然在街上做着"该死"的扫地工作，第二个人已经成为了队长，指挥着一群保洁员干活，而第三个人则有了自己的保洁公司。同样的工作，不同的工作心态，决定了三个保洁人员不同的命运。

坚守不是苦修，而是调整自己的心态，发现工作的魅力，并从工作中获得成就感。热爱自己的工作，把工作当成一种享受，虽然劳碌了身体，却愉悦了心灵，有了这样的工作态度，再大的难题都会迎刃而解。热爱工作的关键是要从工作中找到乐趣，一味地强调吃苦耐劳，是很难持之以恒的。

不热爱工作的人，面对工作时敷衍应付，心中想的是如何混日子；热爱工作的人，面对工作时甘愿付出，心中想的是如何把工作做得更好。热爱工作的人，从工作中发现的是乐趣和满足，绝不会抱怨工作、抱怨公司。

王明在上大学时学的是计算机专业，他对编程的热爱超乎常人。一开始，他就表现出了超强的能力，当其他同学还在头疼老师教的新知识时，他已经开始学习下一章；当其他同学还在巩固课本知识时，他已经开始将编程语言运用到开发软件上。

最初，一些同学和老师们都认为他是因为聪明才会步步领先，直到有一天，老师夜访宿舍才知道了真相。当老师到王明的宿舍时，发现他的室友都在打游戏，而王明却在聚精会神地写代码。原来他不是比别人多聪明，而是更热爱编程。老师问他为什么这么刻苦，他却说："我没觉得苦，我热爱编程，就像他们热衷于打游戏一样，我在编程中得到了快乐。"

毕业后，王明进入了一家跨国公司。没过几年，当其他人还在努力写代码时，王明已经成了部门主管，这让很多人都感到很意外。从进入这家公司开始，王明每天除了完成自己的工作外，还主动帮其他同事编程序，甚至私下尝试改进公司的软件。凭着这份热爱，他的技术越来越高超。在一个项目的研发中，娴熟的技艺让他脱颖而出，领导很欣赏这个热爱编程的年轻人。很快，在另一个项目中，王明就成了带头人。

热爱工作就是在没有人监督的情况下，自己也会自觉自发地工作。当你走在上班的路上，心中没有不情愿，有的只是激情；当你面对任务，想的不是应付，而是想办法将工作做好；当你面对挫折，想的不是退缩，而是勇敢面对，这就是热爱工作的力量。

生活中，我们很难一下找到自己喜欢的工作，如果你有幸找到，那么恭喜你，你将省去培养兴趣的过程，直接开始创造成绩，你会比别人走得更轻松。

大多数情况下，我们的工作与兴趣无关，工作对我们来说只是生存的手段，但随着了解的加深，我们不再仅仅把工作当成一种谋生手段，而是成为我们热爱的事业，成为我们奋斗一生的方向。

请你记住：

- 热爱工作会让你多点乐趣，少点敷衍，多点认真。
- 热爱工作的人自信勇敢，面对问题从不畏惧，而是主动解决。

带着使命感去工作

每个人来到世上都带着自己的使命，有的改变了人类进程，有的带给家人温暖。同样，每份工作也都有自己的使命，无论是技术工作还是生产工作，无论是脑力劳动还是体力劳动，使命感能让我们在平凡的岗位上做出不平凡的成绩，会让我们从平常的工作中获得荣誉感和自豪感。

虽然名为“使命感”，但它不仅仅是一种感觉，更是一种行动。使命感根植于从事这个行业的每个人的心中，人们在工作中用具体行动来诠释这种使命感，就像医生的使命是救死扶伤，教师的使命是教书育人，军人的使命是保家卫国，警察的使命是除暴安良。

两个已经退休的老教师在一起聊天，当谈到他们这些年的工作感受时，一个满足幸福，一个摇头叹息。一个老师不太喜欢自己的工作，他认为学生总是又吵又闹，还不听管教。每次一下课，他就赶紧逃离教室，对学生唯恐避之不及。而另一位老师由衷地热爱自己的工作，除了教给学生书本上的知识外，他还会教他们很多做人的道理。他说：“每当学生喊我一声老师时，我就打心底里涌出一种神圣的使命感。”

使命感是一种能够激发员工主动性的法宝，是一种能够激励员工在挫折面前勇敢担当的内在信念。使命感就像一盏明灯矗立在我们心中，告诉我们为了什么工作，激励我们努力工作。无论我们处在什么行业、立于什么岗位，都要找到自己的岗位使命感，成为一个带着使命感工作的人。

任何工作都有其特有的使命感，哪怕是工地上的搬砖工人，也有着建设城市的伟大使命。如果你轻视自己的工作，那么，工作对于你来说就是煎熬，就是折磨。如果你热爱自己的工作，牢记岗位使命，那么，你将在工作中收获自豪。只要你心怀使命，带着使命感去工作，向着使命指引的方向前进，那么，你就不会出局，不会掉队。

使命感不仅能够调动员工的积极性，还能够增强员工的责任感。使命感不是挂在嘴上的一句口号，也不是钉在墙上的一段标语，它是镌刻在我们心中的信念，只有打心底认同这个使命，我们才会把自己全部的精力集中在工作上。

李桦是110指挥中心的一名普通接线员，她对工作认真负责，绝不允许自己的工作出现任何的失误。她知道自己的一丁点失误，就可能带来严重的问题，所以，她在上班前总是要将自己的设备检查好几遍。无论遇到多么复杂的警情，她总能从容应对，处理得当。

有一天，半夜2点，急促的电话铃声突然响起，她迅速地接起：“您好，这里是110指挥中心，请问需要什么帮助？”电话那头却传来了难听的辱骂声。“同志，如果你没有警务求助，请做个文明市民。”“高尔夫花园小区，地下停车场，我……我出不去了。”

“喂……”电话就此挂断，李桦再也无法联系上那个人。根据经验判断，李桦判断这个人可能是喝醉了，误入地下室，现在找不到出路。李桦沉思片刻，立即联系附近的派出所，请他们派民警到该地下室查看情况。

坐在她旁边的同事笑着对她说：“说不定就是骚扰电话，你怎么还当真了呢？”李桦一脸严肃地说：“这么冷的天气，在地下室睡着是会出人命的，哪怕只有1%的可能，我们也要去做，我们的使命就是避免任何可能的伤害。”

只有像李桦一样将使命感植根心中，在任何时刻都牢记自己的使命，努力践行这种使命，自愿为使命贡献自己的力量，我们才有可能成为单位的“顶梁柱”。

职场中普遍存在这样两种人：一种人，他们时刻保持着高昂的斗志，他们精力充沛、干劲十足，很快，他们就成长为企业的骨干力量；另一种人，他们对自己的工作充满抱怨，工作起来也是应付了事。为何会产生这种区别呢？主要是第二种人没有工作使命感。工作不是为了生存，不是为了那份工资，我们追求的应该是自身价值的实现。

一个员工一旦找到属于自己的岗位使命，并且认可自己的使命，那么，即使面对再多的困境和挫折，他也会鼓足勇气前进；即使面对诱惑，他也能不为所动，坚守本心。当员工把工作当成一种使命，就会勇敢承担起责任，让自己变得更坚强、更自信，就会调动全部才智，激发全部潜能，最终成为岗位模范、公司骨干、行业标杆。

请你记住：

- 使命感能够激发一个人的无穷斗志，让你干劲十足。
- 使命感让你目标明确，思路清晰。

在平凡的岗位上干出不平凡的业绩

伟大来自平凡，平凡孕育伟大。工作没有高尚和平凡之分，那些伟大而崇高的事业都是由一个个平凡的工作积累而成，很多伟大的人物在获得成功前大多从事着平凡的工作。成大事者，必须从小事做起。

在这个世界上，大多数人都是平凡的人，他们从事的都是平凡的工作，或许他们没有出众的能力，没有可歌可泣的事迹，没有惊天动地的业绩，但他们每天都忠实地履行自己的职责，重复着那些看似简单而枯燥的工作。然而，正是由于他们的执着与坚持，才成就了伟大的事业，才实现了社会的发展。

乔·麦克唐纳说："如果自身伟大，那么做任何事都不会觉得渺小。"只要我们把工作中的每个细节都处理好，终有一天，我们将会在平凡的岗位上成就不平凡的事业。

杨帆是一名普通的高速公路巡查员，多年来，他始终任劳任怨，努力把自己的工作做好、做细，保证自己巡查过的路段不存在安全隐患。

2013年2月15日，杨帆在巡查的过程中，发现高速公路一处隔离栅栏遭人破坏。为防止人畜进入高速公路，引发安全事故，杨帆及时用钢丝钳和铁丝，将被剪断的隔离栅栏扎紧。

2013年4月11日上午，杨帆在巡查中发现有村民在高速公路边坡上放牧，他立即沿着陡峭的边坡来到村民面前，解释保护高速公路的政策法规。最后，村民对他说：“我原以为在这儿放羊，不会影响什么，但听了你的解释，我再也不到这儿放羊了。”

2013年7月20日中午，烈日炎炎，执勤的杨帆在路旁发现一个精神恍惚的老人。经询问，杨帆得知老人是从家里来祭祖的，后来迷路了，就顺着高速公路往前走。杨帆安慰老人道：“我是高速巡查员，我送您回家。”到家后，老人的儿子拉着杨帆的手，激动地说：“你把我父亲送回来，我真不知道该怎么感谢你。”杨帆说：“这是我们义不容辞的责任。”

杨帆在平凡的岗位上，不计较个人得失，埋头苦干，努力做好工作中的每件事，平凡中彰显不平凡。

想要在平凡的岗位上做出不平凡的成绩，一定要有好的心态。一个积极乐观的人，不论他本身多么平凡，也不管他从事的岗位多么不起眼，他都会取得不平凡的成绩。

想要在平凡的岗位上做出不平凡的成绩，一定要有较强的责任心。责任心让平凡的工作变得伟大，不管我们的工作多么枯燥、多么平凡，只要我们有强烈的责任感，我们就一定能战胜困难，获得令人羡慕的成绩。

想要在平凡的岗位上做出不平凡的成绩，一定要有坚持不懈的精神。无论我们的工作有多么平凡，只要坚持不懈地做下去，用心领悟工作的真谛，感受工作的快乐，时间久了，我们就会在平凡的工作中取得骄人的业绩。

李琴今年42岁，是一名普通的电费催缴员，她为人真诚直爽，不管是同事还是客户，大家都喜欢叫她大姐。大姐没有惊人的豪言壮语，也没有惊天动地的事迹，只有一颗热爱工作的赤诚之心，她在平凡的岗位上书写着属于她的不平凡的人生。

她负责的乡是一个深度贫困乡，用电户的经济条件都不好，电费难收是事实，一到缴费日，居民总以各种理由拖着不交。大姐每次都利用休息的时间到客户家里了解情况，为居民讲解电力常识。一次不行，去两次，两次不行就去三次。去的次数多了，有些居民甚至用一些刻薄的话奚落她，但大姐从不生气，依然细致耐心地服务客户，直到客户理解为止。

一天，大姐到一位独居老人家催电费，她敲了很久的门，都无人应答。大姐紧张了起来，因为老人很少外出，基本上天天在家，今天怎么会没人呢？大姐不放心，于是叫来了几个邻居，合力打开了门。进屋后，她们发现老人取暖的煤炉密封不严，老人煤气中毒，大姐二话不说，背着老人就去了医院。最终因抢救及时，老人没有生命危险。从那以后，大姐就成了老人家里的常客，她经常去帮助老人。居民们也渐渐地开始主动交电费，不再无故拖欠，该乡的电费收缴率远超当地其他乡镇。

正是很多平凡岗位上的人，像李琴一样拥有一个好心态，对待工作始终保持着饱满的热情，力争把工作中的每件事做到完美，才让我们看到了平凡的岗位的光芒，才使得我们的社会充满着向前的动力。

生活中的大多数人都很平凡，作为一个普通人，我们每天在平凡的岗位上做着平凡的事。但平凡不等于平庸，在平凡的岗位上，我们同样可以点燃自己的生命。是顾影自怜、唉声叹气，还是脚踏实地、立足本职，从工作中寻找到自身的价值？真正有抱负的人会做出正确的选择。平凡并不意味着平庸，只要从“心”开始，努力行动，我们定会走向不凡。

请你记住：

• 把最简单的事情做好就是不简单，把最平凡的工作干好就是不平凡。

• 健康的心态，把工作做好的热情，永不停止追求的心，是你在平凡的岗位上获得伟大成就的关键。

第二章　认真——摒弃“差不多”心态

毛主席说过“任何事怕就怕认真二字”，工作亦是如此。但凡在工作中取得非凡成就的人，都有一颗认真干事的心。公司需要的是认真的员工，我们在工作中要有认真的态度。

应付工作就是应付自己

职场中普遍存在一种现象：很多人走进办公室，不是想办法更好地完成工作，而是处心积虑地去应付工作，能少干一分，绝不多干一分。“给多少钱，干多少事”是这类人的共同心理。他们自以为很聪明，轻轻松松应付完一天的工作，常常暗自窃喜。殊不知，应付工作，就是在应付自己。

面对上司安排的工作，聪明的员工绝不会草草敷衍、应付了事，而是尽职尽责、争取做到最好。因为他们知道，只有这样，他们才会得到上司的赏识和器重，他们才能有更多的升职机会。

汤姆是著名的投资顾问，他一辈子工作兢兢业业，且业绩突出，因此，他也深受老板的喜爱。还有半年汤姆就要退休了，他已经着手准备开始交接工作，然后准备和妻子一起去旅行。

一天，老板找到汤姆，说：“帮我完成一个投资项目，50万，投资半年。”汤姆无奈，只好答应。身心都不在工作上的汤姆不再像往常一样仔细考察、认真研判，他只草草看了看资料，便选了一个看似不错的项目。很快，半年就过去了，在他上班的最后一天，老板找到他，对他说：“还记得半年前让你投资的50万吗？那是为你投资的50万，这是公司的惯例，账户上不管还剩多少，那些钱都是你的。”

汤姆惊呆了，他连忙掏出手机查看，很不幸，账户上的钱已经所剩无几了。他后悔不已，后悔当初自己没有仔细挑选，导致自己现在一无所获。

职场中的很多人又何尝不是如此呢？他们看似毫不费力地完成了工作，其实是在浪费自己的人生。他们对待工作消极应付，凡事不肯精益求精，关键时刻不能尽心尽力，等他们发现自己的处境时，他们早已深陷自己营造的泥潭中，不能自拔。

应付工作就是在浪费生命。收获与投入永远成正比，应付工作其实就是浪费你自己宝贵的时间，消磨你的才华。一件事交给你，应付一下很容易，应付完后，你会发现自己什么都没得到，而应付所付出的时间和精力其实都“打了水漂”。一件事你把它做到60分，很轻松，你每天只需要干三个小时，就把工作做到“及格”，但你有没有想过，这样的你如何进步呢？难道你希望自己10年后还是在同样的位置上消磨时光吗？

我们身边有一些很有希望取得成功的人，他们或有高学历，或有高技能，或者有很优厚的资源，他们的成功被看作是“轻而易举”，但是，最终他们并没有成功，原因何在呢？

一个很重要的原因就是他们不愿意付出。他们总是希望能到达辉煌的顶峰，却不愿意付出艰辛的努力；他们渴望取得胜利，却不愿意做出牺牲。

德克和布莱尔是同班同学，两人大学毕业后，恰逢英国经济下滑，工作十分难找，于是，他们降低了要求，到一家工厂应聘。

恰好，这家工厂缺少两个打杂的职员，问他们愿不愿意做。德克思索了一会儿，便下定决心做这份工作，因为他不愿意依靠救济金生活。尽管布莱尔看不起这份工作，但迫于生计，他还是选择留了下来。

布莱尔上班时懒懒散散，每天总是敷衍了事。刚开始，老板认为他缺乏锻炼，再加上同情他的境遇，便原谅了他。然而，布莱尔对这份工作依然抱着很强的抵触情绪，每天都在应付工作。结果，刚干满三个月，布莱尔便被老板辞退了。当时，英国许多企业都在裁员，布莱尔不得不依靠救济金生活。

相反，德克每天把办公室、走廊、车间、场地都打扫得干干净净。半年后，老板让他跟着老员工学习技术，因为工作积极、认真勤快，一年后，德克便成了老板的助理。而布莱尔此时刚找到一份工厂学徒的工作。

现实生活中，“布莱尔”式的员工在职场中比比皆是，这种不负责、不认真或者自以为是的态度会让他们的职场之路布满荆棘。应付工作的人或许在某个时候会突然发现，自己工作多年来一直是在“原地踏步”，而此时的后悔和自责已经无济于事。

对于一个企业来说，拥有卓越的员工，企业的发展才能蒸蒸日上；如果公司有太多对待工作应付了事的员工的话，公司就会止步不前。

工作就像一面镜子，你应付它，它就会应付你。因此，在工作中，种下什么因，将来就会收获什么样的果，所以，请善待自己的工作。

善待工作就是善待我们自己。工作是我们处世、立身之本，工作使我们获得更好的生活，工作帮助我们实现自己的理想。工作本无好坏之分，也许我们不满意的，正是别人梦寐以求的。“春有百花秋有月，夏有凉风冬有雪”，工作如同四季，每一个岗位都有它独特可爱之处，都值得我们去善待。

请你记住：

· 应付工作的员工是公司的毒瘤，公司最想清除的就是这类人。

· 应付工作就是应付自己，善待工作就是善待自己。

对待工作要专注

现实生活中常常会有这样的例子：有的人对学业、工作、事业专心致志、不懈努力，不受外界的干扰和诱惑，一步一步地向着既定目标迈进，最终获得了成功；而有的人却耐不住寂寞、经不起诱惑，好高骛远、见异思迁，对学业、工作、事业缺乏执着精神，结果一事无成。

一个智者问一位得道高僧：“你得道之前在干什么？”高僧答道：“在砍柴、挑水、做饭。”智者又问：“那你得道后在干什么呢？”高僧回道：“在砍柴、挑水、做饭。”智者疑惑地问道：“那何为得道呢？”高僧回答：“得道前，砍柴时惦记着挑水，挑水时惦记着做饭，而得道后，砍柴即砍柴，挑水即挑水，做饭即做饭。”

专注是一种精神、一种境界，是集中精力、全神贯注、专心致志。“把每一件事做得更好”，“咬定青山不放松，不达目的不罢休”。一个专注的人，他能在一定时间内，把精力全部投入到要干的事情上，从而最大限度地激发自己的主动性和创造性。特别是在遇到外界诱惑或者挫折时，专注的人能不为所动、勇往直前，直到取得成功。相反，一个人如果心浮气躁，做不到全神贯注，最终只会半途而废。缺乏专注的精神，即使立下凌云壮志，也决不会有所收获，因为“欲多则心散，心散则志衰，志衰则思不达也”。

著名的IBM公司在招聘员工时，特别注重考察员工的专注度。这一关通常由总裁亲自考核。

在一次面试中，总裁找了一篇文章给应聘者约翰，让他最好一刻不停地读完，说完，总裁就走出了办公室。

约翰心想：“这太容易了吧。”他长长地吸了一口气，开始读起来。没过多久，一位美丽的金发女郎迈着轻盈的步伐走了进来。“先生，请休息一下，喝杯茶。”约翰仿佛没听见似的，还在不停地读。又过了一会儿，一只小猫伏在他的脚边，用舌头舔他的脚踝，他只是本能地移动了一下脚。终于读完了，约翰松了一口气。

这时，总裁走了进来，问：“你难道没有注意到那位美丽的小姐和她的小猫吗？”“没有，先生。”约翰回答，“你要我一刻不停地读完那篇文章，我眼里只有这一个目标，其他的事我都不关注。”总裁满意地笑了：“小伙子，你被录取了！如果你继续保持专注，你会很有前途的。”果然，约翰进入公司后，靠自己的业务能力和对工作的专注，很快就被总裁提拔为经理。

我们只有专注工作，才能体悟到工作的乐趣，才能克服浮躁，忘记艰辛和烦恼。盖尔克是西门子中国区第一任销售总经理，他为德国西门子公司的电器产品占领中国市场立下了汗马功劳，他本人也因此赢得了很高的声誉，在事业上取得了巨大成功。

有记者问他成功的秘诀，盖尔克说：“秘诀谈不上，我在西门子工作了19年。我始终有一个座右铭：工作要专心致志，一次只做好一件事。近20年来，我一直坚持这样的信念。”

纪昌跟随飞卫学习射箭，但是，飞卫并没有教射箭技巧给纪昌，而是要求他必须学会盯准目标不眨眼。纪昌用了两年的时间，练到了即使锥子向他眼睛刺来，他的眼睛也能不眨一下的境界。

然后，飞卫进一步要求纪昌练眼力，纪昌为此苦练了三年，此时的纪昌张开弓，毫不费力地一箭将虱子射穿。正是因为纪昌将五年的时间专注于练习眼力这一件事情上，才成就了他的非凡箭术。

专注就是要求我们在一段时间内除去杂念，只关心一件事，只处理一件事。这样不仅可以提高效率，还能减少焦虑。

做事专注是优秀员工的一种良好习惯。一个人如果不能专注于自己的工作，是很难把工作做好的。美国钢铁大王卡内基把自己的成功归因于勤奋和对某个目标持之以恒的专注。他说：“我专心致志于一件事情的时候，好像世界上只有这一件事。”

如果你想要成为一名优秀的员工，不光要自觉养成专注的习惯，更要把专注工作作为自己的一种使命。一次只做好一件事是优秀员工不可或缺的习惯。不要好高骛远，不要朝三暮四，你只有专注于眼前的事，一心一意做好每一件事情，才能脱颖而出。

请你记住：

• 专注的工作会让你忘掉烦恼和压力，会让你体会到工作中蕴含的意义和乐趣。

• 专注工作会让你提高效率。

摒弃“差不多”心态

做事情如果有“差不多”“过得去”“还行吧”这样的心态，是很要命的。鲁迅曾说过：“中国四万万的民众都害着一种毛病。病源就是那个马马虎虎，就是那随它怎么都行的不认真态度。”在实际工作中，有很多人就遵守“差不多”理论，把“差不多就好、过得去就行”作为做事的标准。殊不知，差之毫厘，谬以千里。

“取乎其上，得乎其中；取乎其中，得乎其下；取乎其下，则无所得矣。”意思是说，一个人制定了高目标，最后仍有可能只达到中等目标；如果制定了一个中等目标，最后有可能只能达到低等目标；如果一开始就制定的是低目标，那恐怕是一无所得了。

这句话给我们启示的是，只有高起点定位、高标准要求，以务实的态度和强烈的责任心，高效、精细、精准地完成好自身承担的每一项工作任务，我们才能取得满意的工作成果。

王淦是一家五金精密制造工厂的模具工。他做事勤快，但有只注重速度而不顾质量的缺点，因此，他的工作经常出现一些问题。

有一次，经理叫王淦调试一个模具，产品的平面度总是和标准相差0.01毫米，经过几次调整，他还是解决不了这个问题，而客户又在催货。王淦泄气了，硬着头皮向经理报告说差不多了，应该可以生产了。经理了解他的性格，亲自来到车床前检查，终于摸到模具的凹槽内有一个芝麻大小的金属凸起。

还有一次，厂里引进了法国设备，由王淦安装调试。法国工程师在验收时，发现有一个螺丝歪了，但紧固度没有问题。王淦认为这没有什么大不了的，既然紧固度没有问题，差不多就行了。法国工程师却坚持说：“六角螺丝歪了，是因为没按规范标准进行操作。”后来的调查发现确实是王淦的问题。

不久，老经理离职了，新任经理问王淦模具调试得怎么样，王淦随口回答：“差不多好了。”新任经理点点头。就在第二天，王淦接到了辞退通知书，原因是“公司不用‘差不多’先生”。王淦去询问经理，经理跟他讲：“我们是精密制造厂，你差一点点，就会使我们的很多努力化为乌有。”

我们做任何事都得对自己严格要求，做到精益求精。在这种严谨的工作态度下，我们才能把工作做好。人在职场，“差不多”心理要不得。

一些人面对工作总是将“差不多、过得去、以后再说”挂在嘴边，在这种心态下，他们的工作常会出现一些纰漏。当问题出现后，他们便找出各种理由推脱自己的责任：“不就是螺丝没有拧紧吗？又影响不了生产！”“不就是报表里错了一个数字么？下次注意点就行了。”“不就是文件页码装订错了么？下不为例就是了。”如此等等。这种“差不多”心态只能让我们停步不前，甚至带来安全危害。我们每个人都要避免陷入这个误区中。无论做什么事情，都要多问自己几次“‘差不多’真的就行了吗？差的那一点会给自己、给企业、给顾客带来什么害处？”只有如此，我们才能真正杜绝“失之毫厘，谬之千里”的工作失误。

李夕和王渔是大学同学，李夕常常挂在嘴边的一句话就是“差不多就行了”，而王渔却是个有着完美主义情结的人，他凡事总要尽最大努力做到极致。

一天，临时接到通知，班里第二天要组织活动，需要布置一下活动室。因为时间很紧，直到夜里12点，活动室还没有布置好。王渔的意见是大家先吃个夜宵，接着“加班”，直到把活动室弄好为止。但李夕却说：“差不多就行了，时间就这么多，能弄成这样就不错了。”于是，大家就去吃夜宵了。只有王渔一个人没有走，她直到布置好活动室才离开。

转眼大学毕业，大家都在找工作，李夕和王渔碰巧参加了同一个公司的招聘。王渔为此做足了功课，详细了解了企业的发展历程、经营范围、企业的销售渠道和业绩，并对照岗位要求，分析自身特点，最后顺利拿到公司的offer。而李夕没有做任何准备，最后，她没有通过面试，毕业后选择了回老家。

十年后，王渔工作目标明确，通过努力，工作越做越好，职位越升越高，已经成了一名精明强干的职场人。而李夕在老家做着一份“还行”的工作，职位不上不下，薪水不高不低。

行成于思而毁于随。想要把工作做细、做实、做真，我们必须摒除“差不多”的想法。

一、作为员工，要有追求完美的信念。做任何工作都要力求完美，要保持“没有最好，只有更好”的工作态度，工作不分大小，竭尽全力做到最好。只有坚持极高的工作标准，才能获得好的工作成果。

二、作为员工，要有扎实的工作作风。要改掉做事粗心、半途而废的毛病，要把工作做到极致，保证工作的每个环节都做到最好。

三、作为员工，要有铁杵磨针的工作韧劲。摒弃急于求成的工作心态，要做岗位上的“愚公”，不断攻坚克难，稳扎稳打，从小进步到大飞跃，从小成功到大辉煌。

请你记住：

- “差不多”的心态会磨灭你的斗志，会毁掉你的职业生涯。
- 精益求精和细致的心态是你在职场上立足的法宝。

对待工作像对自己的爱人

每个员工都应该尊重自己的职业，热爱自己的岗位，即使这份工作不是你的“理想型”，也要尝试去改变自己的态度，激发自己内在的激情和活力。

对待自己的爱人，我们总是无私奉献，从不要求对方的回报，我们包容对方的缺点，想方设法提高自己的综合素质，期望和爱人一起“白头偕老”。如果我们像对待爱人一样去对待工作，发自内心地爱它，遇到困难迎难而上，我们自然能够做好自己的工作。

用经营一段爱情的态度去面对工作，消除抱怨，肩负起自己的责任，没有任何借口地完成每一项工作任务，用行动证明自己对待工作的热情。

如果我们能够把“对待工作就像对待爱人”这句话落实在行动中，那么，任何工作我们都能做到最好，任何困难我们都可以克服。

当我们对待工作像对待爱人一样时，会有以下好处：

一、把工作当爱人，我们的状态总是最佳的。我们珍惜自己的爱人，每次见面和约会，我们总是精心打扮，怀着激动的心情，去见自己的爱人。如果我们像对待爱人一样，每天开始工作前，总是把自己的状态调整到最佳，以一种积极向上的态度迎接每天的工作，那么，你的工作一定会很出色。

二、把工作当爱人，我们就会包容一切。人都有这样那样的缺点，对于爱人的缺点，我们总是能够无条件的包容，容许她们犯错，容许她们发脾气。如果把这份包容带到工作中来，对于困难我们欣然接受，对于压力我们积极疏导，对于领导和同事的错误我们尽量包容，那么，你在单位的位置一定会越来越重要。

三、把工作当爱人，我们总是竭尽全力满足要求。爱人总会给我们提出各种要求，有的要求我们进步，有的要求我们自律，甚至有的要求很无理，我们也会尽力满足。如果在工作中，对于公司的要求，我们想方设法满足，对于领导的期望，我们竭尽全力实现，那么，我们就能成为工作中不可或缺的人。

一个旅游村中有一位老人，他有一手编草帽的绝活。每天他都坐在大树下面，一边乘凉，一边编织着草帽。编完的草帽他会放在身前一字排开，供游客们挑选。他编织的草帽造型十分别致，而且颜色搭配也十分巧妙，游客们纷纷驻足购买。

一天，一个精明的商人看到了老人编织的草帽，他脑海里开始盘算，他想：“这样精美的手工草帽如果运到大城市去，一定能卖个好价钱，至少能够获得十倍的利润。”

想到这里，他激动地对老人说：“老人家，这草帽多少钱一顶呀？”“8块钱一顶。”老人微笑着说，说完，他继续编织草帽，那种闲适的状态，真的让人感觉他不是在工作。

商人接着对老人说：“那我给你每顶10块钱，预定1万顶，怎么样？”老人听后呆住了，他激动万分，1万顶可是10万块钱啊。老人欣然应允。

从接受这个订单开始，老人的脑海里想的都是他能挣多少钱，以前工作时的悠闲神态不见了。老人越来越烦躁，草帽的质量越来越差。当商人再次到来时，他惊呆了，只见树下坐着一位愁眉苦脸的老人，他表情呆滞，手上重复着机械的动作，而面前的草帽已没有了以前的灵气。

以前的工作，对于老人来说是一种享受，这样的状态下，他做出的每一顶草帽都是一件艺术品；但当他把编草帽看成一项赚钱的工作时，悠闲不复存在，剩下的只有对利益的追求。

把工作当成自己的爱人，和自己的工作“谈场恋爱”吧，怀着激动而愉快的心情，去发现工作中的快乐和美好，投入自己的精力和热情，最终实现自己和单位的双赢。

爱情需要经营，工作同样需要经营。我们要用心对待工作，怀着“白头偕老”的心态，慢慢地在工作中找到乐趣，就能获得意想不到的成功。

请你记住：

·工作将陪伴我们半生，我们要像对待爱人那样对待工作，否则，工作就将是半生的折磨。

·爱情需要经营，工作也是如此。发现工作的美好，磨炼自己的心态。

拿出百分百的热情投入工作

因为有热情，人类才创造出震撼人心的音乐；因为有热情，人类才建造出辉煌雄伟的宫殿。凭借热情，爱迪生发明了电灯；凭借热情，哥伦布发现了“新大陆”；凭借热情，莎士比亚写出了不朽的诗篇。

有句话是这样说的：“没有什么比失去热情更让人觉得垂垂老矣。”热情是一种精神、一种力量，一个人如果缺少热情，将很难前行。

不论我们处在什么样的岗位，从事什么工作，都应该拥有饱满的热情。缺少热情，我们会变得越来越懒惰。一个没有热情的人是无法将工作做好的，只有将100%的热情投入到工作中，我们才会在自己的岗位上做出成绩。

热情在你工作遇到困难时给你力量，在同事否定你时给你信心。任何人想要获得成功，必须投入100%的热情，热情能够让你领先一步。

如果在团队中有一个热情高涨的成员，那么，他的这份热情会迅速蔓延开，影响其他成员，最终使团队变成一个富有激情的团队。

美国著名保险推销员弗兰克·帕克正是凭借着热情创造了辉煌的职业生涯。帕克还没进入保险界前，是一名职业的棒球运动员，但很快，他就被球队开除了，原因是球队经理认为他的动作无力，没有激情。球队的经理对帕克说："没有热情的人，不配做一名棒球运动员。"

不久后，帕克来到一个新球队，决定重新开始，他立志要做美国最有热情的棒球运动员。球场上，帕克强力地击球，把接球人的手臂都震麻了；场下训练中，他依然投入巨大的热情，仿佛不知疲倦一般。

热情给帕克带来了意想不到的结果，他的球技得到了巨大的提高，而且，他的热情也感染了队里其他的队员，大家都变得激情四射，球队因此取得了前所未有的佳绩。

可惜，由于腿部受伤，帕克不得不离开球场。后来，帕克来到一家保险公司当保险助理，他把全部的热情投入到工作中。他经常去拜访客户，哪怕是在地铁上，他依然在向身边的人介绍保险，他的脸上永远挂着微笑，他的客户总是这样评价他："他是我见过的最有热情的推销员，我被他的热情打动了。"帕克很快就成为保险界的推销明星。

拥有了热情，你就增加了成功的砝码。发明家、艺术家、诗人、企业家……不论他们来自什么种族、什么地区，那些引领人类前进的人们，无一不是充满热情的人。

一个村子里有两只公鸡，每天早上，两只公鸡都会用嘹亮的歌声唤醒睡梦中的人，村民已经习惯了它们的歌声。

但是，随着时间的推移，一只公鸡开始厌倦这样的生活，它觉得自己的工作太不起眼。于是，它开始变得懒惰，失去了以前的热情，最后，村民把这只不打鸣的公鸡杀掉吃了。而另一只公鸡却保持着一如既往的热情，日出而鸣，年复一年。当公鸡老得不再打鸣的时候，它以为自己会被杀掉，但是，村民们却早已把它当成了自己生活的一部分，不仅没有杀它，还每天都给它准备丰盛的吃食，直到它老死的那天。

日复一日重复的工作，难免会让很多人产生厌烦的情绪，他们对工作渐渐地失去了兴趣，只是为了完成任务而机械地工作。长期缺乏工作热情，会让人变得牢骚满腹，缺乏职业成就感，这会影响我们的职业生涯。所以，在必要的时候激发自己的工作热情十分重要。

每个人在工作中都会有情绪低落的时候，但我们不能任由负面情绪继续发展下去，我们要及时调整自己的心态。首先，我们要知道自己工作不仅仅是为了钱，想明白这些，才能激发自己的热情。其次，不同阶段给自己制定不同的目标。当你的工作进入一个崭新的阶段时，要调整自己的目标，随时保持着前进的势头和充沛的激情。

热情会使你全身心地投入，会让你充满活力，凡事以一种积极的心态面对；热情能化解矛盾，解决问题，热情会带给我们力量，增强我们的信心。热情让人更自信，热情让人更勤奋，热情让人激情勃发。热情是做好工作的重要支撑，热情是走向成功的动力之源。

请你记住：

· 热情让你区别于其他的员工，会让你散发光芒。

· 热情会让你更勤奋、更自信、更主动。

第三章　主动——把工作当成事业

有人说：“工作只是为了养家，该干的干，不该干的坚决不干。”抱有这种思想的人注定一事无成。只有积极主动的员工才能获得更多机会，只有把工作当成自己的事业，你才能获得更多的机会。

积极主动的员工是企业的最爱

一个和尚在寺庙里待了好几年，可他依然做的是扫地、端茶的活。有一天，他越想越气愤，便找方丈说：“我在寺庙辛辛苦苦干了好几年了，为什么老是让我扫地、端茶？”

方丈捋了捋胡子，慢条斯理地说：“你没发现，你扫地从来不知道把垃圾处理掉，端茶时也不知道把桌子上的灰尘抹掉吗？”

这个和尚在工作中缺乏积极主动性，方丈没有安排他做的事情，他决不多做。而积极的员工总是主动寻找事情做，不管领导在或不在，工作从不偷奸耍滑。即使在工作中遇到困难，他们也会想方设法去解决，绝不退缩。是不是积极主动地工作，是区别一个员工优秀与否的关键。如果你是一个主动的员工，那么，不管你在哪里都会脱颖而出。

小欧、小易高中毕业后，因为都没有考上大学，就相约一起到城里打工，他们两个找到了一份酒楼服务员的工作。

小欧为人老实，工作踏实，不仅干好自己的工作，闲下来的时候，他还会帮助其他人，所以大家都很喜欢他。但小易就不一样了，他脑子聪明，为人圆滑，总是人前一套背后一套，看到经理来了，他就拼命地干活，希望经理看到他的努力；等经理一走，他就找个角落休息。

有一次，经理请客户吃饭，这可把小易乐坏了，整个接待过程中，他都异常勤快，上菜、倒酒都不让小欧上手，经理对小易的表现也很满意。但等吃完饭，经理一走，小易就大大方方地坐下来，让小欧一个人干。等小欧干得满头大汗时，小易又说起了风凉话，“你这么卖力谁看得见呢？真是个笨蛋。”正巧经理回来拿落下的手机，把这一切都看在了眼里，于是第二天，小易被辞退了。

小欧积极主动的态度让他获得了经理的青睐，而小易看似“聪明”的举动让经理看到了他的敷衍了事。那些总是积极努力，主动把自己的工作干好，甚至还多做额外工作的人，必定会获得领导的赏识。

闻名世界的美国钢铁大王卡耐基说：有两种人注定一事无成，一种是除非别人要他去做，否则绝不会主动做事的人；另外一种人则是即使别人要他做，他也做不好事情的人。

工作中，没有人会一直告诉你需要做什么事，很多工作都要靠我们自己主动思考。特别是许多职场新人，进了公司后，几个月过去了，还缺乏工作的主动性，总是等待老员工来教自己。这种习惯“等待命令”的员工，首先在思想上就缺乏积极性，任何时候都很难主动去做事，降低了工作效率，从一开始就注定了平庸的结局。

小王到公司工作快三年了，比他后来的同事都得到了升职，他却一直在原地踏步，他心里感觉不是个滋味。终于有一天，冒着被辞退的危险，他找到老板。

“老板，我有过迟到、早退或违纪的情况吗？”他问。

老板干脆地回答：“没有。”

“那是公司对我有偏见吗？”老板先是一怔，继而说：“当然没有。”

“那为什么比我资历浅的人都得到了重用，而我却还是在老职位呢？”

老板一时语塞，然后笑笑说：“这样吧，公司准备组织一场篮球赛，你去联系一下场地，等办完了我们再谈。”

十分钟后，小王回到了办公室。

“找到了场地吗？”老板问。

“市中心的体育馆可以。”

“那价格呢？”老板问。

“这个我没细问。”

“那他们场馆什么时候有空呢？”

“这个您没让我问啊！”

老板不再说什么，叫来了一个刚升职的经理，交给了他相同的任务。

一个半小时后，经理带来了这样的答复：“我考察了三家体育馆，其中价格最便宜的是B场馆，但我不建议在B场馆，因为价格高一点的C场馆可以免费给我们提供队服和饮料，还表示如果长期合作的话，价格可以再谈。还有，我们步行去C场馆只需要15分钟，我们完全可以走着去，既节省了时间，也节约了成本。如果你觉得C场馆合适，我就和他们谈谈长期合作的事。”

经理出去后，老板看着小王说：“你明白为什么了吗？”

企业需要的是对工作积极主动的员工。积极主动工作的员工会自动自发去做任何需要他做的事；会自觉自愿，主动去做别人不愿做的事；会率先主动，全力以赴做自己应做的事。积极主动不仅是老板最欣赏的品质，也是企业对员工的终极期望。

主动做事的人，无论大事小事，他们都会想一切办法去执行，不断转变思路，不断朝目标前进。有些人虽然没有高学历，没有丰富的经验，但有一颗主动积极的心，只要有了这个心态，他们就一定能在事业上获得成绩。

主动工作的员工具有一流的执行力，他们能够将工作落到实处，主动承担更多的责任。作为公司的一员，我们应当抛开任何借口，发挥主动性，全身心地投入到工作中去。记住一句话：任何公司都迫切需要工作积极主动的员工。

请你记住：

- 积极主动，是老板最欣赏的品质。
- 等待命令，会让你故步自封；主动出击，才能把握机会。

主动做些分外工作

很多人都存在这样一个误区，认为只要把自己的本职工作做好就可以了，至于本职工作以外的事，往往是敬而远之。他们会说："这不是我的工作，自然有人做，如果我做错了，要受罚，做好了，也不会得到奖励。"其实，这样的想法是不对的。那些在职场上取得成就的人，总是会主动做些分外的工作。

在实际的工作中，如果你能够在做好自己的事情之余，主动做一些"分外"的工作，其实是在为你未来的晋升增加砝码。当你任劳任怨地多干一些"分外"工作时，受益者是你所在的企业，你的所作所为终将会帮助你获得上司的认可。

王婵毕业后应聘到一家礼品公司做办公室文员，这里工作稳定，环境好，唯一美中不足的是工资不高。刚进入公司不久，公司的业绩开始连续下滑，老板很发愁，最后决定建立网上销售渠道，希望能增加销量。因为只是刚刚尝试，所以，老板没打算招聘新员工。

当老板听说王婵大学期间开过网店，有丰富的电商经验时，就找到王婵，希望她能开网店的工作承担起来。王婵却很为难。她心想："各种网络销售平台我都很熟悉，但是老总只说让我帮忙，根本没提涨工资的事，我才不干。”

于是第二天，她回绝了老板，说自己大学时只是干了几天，其实什么都不懂。老板听了她的话，感到很失望。

后来，老板知道公司前台的小姑娘也做过电商，于是，老板就让她帮忙，小姑娘很爽快地就答应了。王婵却在心里偷笑：“真傻，多干活，又不给钱，傻子才会答应。”

小姑娘对新工作很上心，开始在各大电商平台建立网店，每天都守在电脑前，一方面在网上做宣传，一方面及时解答客户的问题。渐渐地，网上订单越来越多，帮助公司提升了不少业绩。一年后，鉴于网上销售的良好的前景，公司决定新组建一个电商部。顺理成章，前台小姑娘成了新部门的主管，工资涨了三倍，前途一片大好，而王婵心里后悔不已，但成功的机会已经远去。

我们很多人就像王婵一样，认为只要把自己的本职工作干好就行了，对于老板安排的额外工作不是抱怨和拒绝，就是敷衍了事，很少会主动做一些分外之事。其实，当我们拒绝分外工作时，也是在拒绝额外的升职加薪机会。

想要玩转职场，就不能用“分内”“分外”来约束自己，而是要放低身段，在干好本职工作的同时，主动分担一些分外工作。比如：早到几分钟，扫扫地，浇浇花；每天晚走几分钟，帮同事们把没关的电器关上，平时多帮帮新同事，让他们更快适应工作等。当你主动去做一些分外工作时，你会收获很多，比如同事的友谊、领导的信任。而且，你分担的工作越多，展示的机会越多，只有这样，你才能获得更多的机会。

每一个成功者都不只局限于只做自己分内的事，他们往往会多做一点。身在职场的你想要获得成功，不能只做自己分内的事，还要想老板之所想，急公司之所急，主动承担一些分外工作。

周涛是一家家具公司的会计，她工作认真，还爱帮助同事。在会计的岗位上干了不久，她心中就有了一个疑惑："从账面上看，咱们公司的产品销售得不错，但是，公司却没有自己的品牌店，大部分的利润其实都给了代理商，为什么咱们不建自己的专卖店呢？"虽然心中有疑惑，但是，她却没有贸然向公司提建议。从这天开始，她下班后开始到家具广场和代理商那里调研，收集第一手资料，并向公司销售员了解市场行情。

经过两个月的努力，周涛得出结论，公司完全可以建立自己的专卖店。于是，她找到一个和自己关系不错的销售员，把想法跟他说了，希望他提出来。但是，销售员却笑着说："这是领导的事，我还是干好自己的工作吧。"

周涛没有死心，她坚信这个建议是好的。于是，她把自己收集的资料整理好，还写了一份5000余字的建议书，找到一个机会，把它递给了总经理。看了建议书后，总经理十分重视这个问题，他询问了各方意见，证明方案可行，于是，公司决定在本市建专卖店。周涛自然成了第一家专卖店的经理，事实证明她是正确的，一年下来，专卖店的利润很可观。经过论证，公司决定在全省开设专卖店，为此，公司成立了新的部门，专管实体店的工作，而周涛再次成为新部门的总监。

"多干活"的员工不但能在职场上磨炼自己，还能更好地把握职场上的机遇，使自己在职场上的路走得更宽。如果目光短浅，计较眼前的得失，那么，机遇将永远和你擦肩而过。

别只做自己分内的工作，坚持每天为别人做一些事，抱着这种态度去工作，你就能从竞争中脱颖而出。

请你记住：

- 只做分内的事，你永远都只是公司的“外人”。
- “多干活”的员工，老板会记在心里，会更快地提拔你。

多做一点点，得到会更多

投资专家约翰·坦普尔顿提出了著名的“多一盎司”定律，所谓的“多一盎司”，就是比别人多做一点点。其实多做一点并不难，但事实上，我们往往缺少的正是“多一盎司”所需要的那一点点责任、一点点决心、一点点奉献精神。

多做一点点，工作效果就会大不一样。尽心尽力完成本职工作的人最多只能算是称职的员工，要想获得特别的成绩，就必须比其他人更努力，比其他人做得更多。比别人多做一点点，你就可能成为优秀的员工，你就可能在职场上比别人走得更远。

其实，在工作中多做一点点的方法有很多。比如提前20分钟到公司，对自己一天的工作做个简单的规划，把待办事项罗列出来，当别人还没摸着头绪时，你就已经开始工作了；再比如延迟下班，对今天的工作做个总结，同时将明天要做的事做个准备，这样你又能先人一步。

多做一点点，不仅会让人看到你的勤奋，更能锻炼你的能力，养成好的习惯，使你具备更强的职场生存能力。多做一点点会让你区别于一般员工，让你显得更优秀、更突出。

陈楠是一家超市的打包员，她每天的工作就是给顾客购买的大件商品打包，然后再通过电脑控制的传送带把它们送到顾客面前。

工作时间长了，陈楠发现自己不能给顾客面对面的服务，少了一种服务的温度。于是，她发明了一种“温馨物语”，比如，她在给一台空调打包时，会在外包装上写“能为你的夏日送去一丝凉爽，我们倍感幸福”。每天她都会准备大量的“物语”，实现与顾客的交流。

在短短的两个月内，超市的购物量大增，并且还出现了一个有趣的现象：无论白天还是晚上，陈楠的工作台前总是排着一条长长的队伍。

负责协调的领班很不理解，为什么大家不在人少的地方排队，而要排在这支长长的队伍后面呢？虽然领班一再提醒顾客，不要都挤在一个台位前，可是没人听他的话，其中有个顾客还喊道：“我们都排陈楠的队，我们想要她的‘温馨物语’。”

三个月后，陈楠从一个打包员荣升为超市营销部的科员，而她独创的“温馨物语”也在整个超市流行开来。

现实生活中，想要获得成功，也许很艰难，但只要我们每天坚持多做一点点，积跬步以至千里，结局一定不会太差。我们只需要一步一步去走，就能获得意想不到的惊喜。

一个人要想在职场上脱颖而出，就要比别人多做一点点。成功往往距离我们只有一步之遥，然而，太多的人在最后一步迈开之前就停下了。

石油大王洛克菲勒年轻的时候曾经在一家石油公司工作，他的工作简单而枯燥。当时，车间里有这样一道工序：装满石油的桶罐通过传送带输送至旋转台上以后，焊接剂从上方自动滴下，沿着盖子滴转一圈，然后焊接。洛克菲勒的任务就是检查罐盖是否焊接好了，为此，他需要一整天守着生产线，注视着这道工序。过了一段时间，他对这种单调的工作烦透了，便向上级提出调换工作的请求。

不过，主管生硬地拒绝了，冷冷地说："你要么好好干，要么另谋出路。"洛克菲勒沮丧地回去了。不过，冷静下来后，他不由得问自己：做简单的工作，就做不出非凡的成绩吗？

从那以后，他彻底改变了自己的工作态度，变得一丝不苟。他研究了公司的生产线，发现了一个现象：在焊接工序中，每个罐子的焊接剂刚好滴落39滴，然后焊接工作就完成了。但其实有一道工序是没有必要滴油的，也就是说，只要38滴就够了。这样，每个油罐就浪费了一滴油。

洛克菲勒就开始着手解决这个问题。经过反复的试验，他发明了"38型焊接法"，这样每个油罐就可以节约一滴油。最后，公司采用这种"38型焊接法"，每年可以节省5亿美元的成本。

在工作中，如果我们总是跟大家做得差不多，就很难脱颖而出。如果我们能够比别人多做一点，往往效果大不相同。如果每天都能够坚持"多做一点点"，慢慢地，我们就能积累多一点的经验，我们就会变得越来越优秀，获得的机会就会越来越多。

如果你是一名销售员，在卖出产品后，再去调查一下客户在使用产品的过程中是否出现问题，并帮助客户及时解决问题；如果你是一名物流管理员，除了要确保货物及时准确到达之外，还要仔细核对一下发货清单，防止出现差错，给发货、收货双方造成不必要的损失。

当你每天都在做一些简单重复的工作时，难免会觉得枯燥乏味，从而丧失工作的积极性。但真正优秀的员工，哪怕他们偶尔对工作产生了厌倦，他们也会迅速调整自己的心态，每天多做一点点。

请你记住：

- 多做一点点，你得到的会比“一点点”更多。
- 多做一点点，你会成长得更快，你会越来越优秀。

不要把问题留给领导

生活中，总有一些人一遇到问题就能推就推，能躲就躲，从不主动去解决问题。但真正优秀的员工遇到问题总是迎难而上，绝不把问题留给别人。

当遇到问题时，有些人不去思考解决问题的办法，而是一味地把问题推给领导。作为一个企业的领导，他每天要做的事情也很多，如果一会儿张三来办公室让领导解决问题，一会儿李四又来，那么，领导如何能完成自己的工作呢？

如果我们把解决问题看作是展示自己的机会，借解决问题来体现自己的价值，那么，我们就能发掘出自己的潜能。

比尔·盖茨曾说过："好的员工善于动脑筋分析问题、主动解决问题，而不是把问题推给老板。"公司招我们来是给公司解决问题、创造利润的，如果我们没有能力解决问题，那么，对于公司来说，我们就失去了价值。

很多人一遇到问题，第一反应就是把问题交给领导，甚至在遇到棘手的问题时，就直接甩手不干了。大多数问题并不是无法解决，而是我们根本没有去思考解决方法，没有去调查，没有去请教同事，没有去查阅资料。其实，优秀的员工在遇到问题时也会向领导汇报，但是，他们在汇报的最后，总会给领导提供几个解决问题的办法，以供领导选择。所以，不要让领导做“填空题”，要让他们做选择题。

于强从路桥专业毕业后，在北京找到了一家路桥建筑公司工作，主要负责路桥的工程质量监理。工作虽然很辛苦，但是他毫无怨言，依然兢兢业业。

一次，于强到一个城市现场查看一座桥梁的工程质量，前两天的检查都很顺利，但是到第三天，他却查出了问题。于强在查看工程图纸时发现了一个小错误，虽然问题不大，但极有可能会留下安全隐患。于是，他便把这个问题反馈给了施工方，施工方却不以为然。他们认为图纸既然是这样的，那肯定没问题，就算存在这个小问题，对桥梁也没有多大影响，而且，工程停一天，可要损失十几万元。

于强思虑再三，决定先给经理打个电话汇报一下。谁知，经理的手机关机了。施工方一再劝他不要多事，就当没看到，但于强依然坚持，要求施工必须马上停止。无奈之下，施工方只得停了下来。

等到于强怀着忐忑的心情拨通了经理的电话，汇报了这里的情况后，经理说：“你做得很对，这个瑕疵很大概率会影响桥梁的安全性。”

于强在工作中不光表现出了认真负责的态度，也展现了自己解决问题的能力，所以，上司才会欣赏他。如果于强只是把问题甩给领导，或者甩给绘图人员，那么，他就不会得到领导的青睐。

在工作中，有时候遇到问题是在所难免的，领导们迫切需要那些能帮他解决问题的员工。一个经常帮助领导解决问题的人，一定会得到领导的重用。

对于领导来说，你的任务就是帮助公司解决问题，把工作做好。但是，如果你一遇到困难就推卸责任，不是把问题留给同事，就是把问题留给领导，总指望别人来帮你解决问题，那么，领导绝不会喜欢你。如果企业中存在太多这样的人，那么，企业根本谈不上发展，甚至会因此而衰败。

乔尼是火车后厢的刹车员，一天晚上，一场暴风雪让火车晚点了。乔尼抱怨着，这场暴风雪使他不得不在寒冷的冬夜里加班。就在此时，列车长和工程师接到报告：火车发动机的汽缸盖被风吹掉了，不得不临时停车。这是一个十分严重的问题，因为几分钟后，将有一列快车要从这条铁轨上驶来。唯一的办法就是红灯示警，让那列快车停下来。于是，列车长赶紧跑过来命令乔尼拿着红灯到后面去。

乔尼笑着对列车长说：“不用那么急，后面有人在守着，等我拿上外套就去了。”列车长一脸严肃地说：“一分钟也不能等，那列火车马上就要来了。”

“好的！”乔尼微笑着说，列车长听到他的答复后，又匆匆忙忙向前部的发动机房跑去了。

可是，自以为是的乔尼没有立刻就走。他认为后车厢里有一位工程师和一名助理刹车员在那儿替他扛着这项工作，自己大可不必跑那么快。于是，他停下来喝了几口酒，驱了驱寒气，这才吹着口哨，慢悠悠地向后车厢走去。

不幸的事情最终还是发生了。乔尼走到后车厢才发现工程师和助理刹车员根本不在里面，情急之中，他加快速度向前跑去，但是，一切都晚了。瞬间，后来的那辆快速列车的车头撞到了乔尼所在的这列火车上……

回避问题，看似让自己远离问题，却会让问题越演越烈，甚至会因此让企业陷入困境。回避问题只会让小问题变成大问题，正如一家企业家说的："推卸问题的员工没有前途，优秀的员工必须有承担问题的勇气和责任感，还要有解决问题的能力和方法。"

没有任何一个领导愿意看到问题被员工当作皮球一样踢来踢去。作为一名员工，如果你不能解决问题，那么，领导为什么用你呢？在很多企业里，领导不得不亲力亲为，帮助员工解决问题，帮助员工收拾烂摊子。这不仅是员工的耻辱，更是企业和领导的不幸。

请你记住：

- 把问题推给别人，也就等于把机会拱手相让。
- 善于解决问题的员工，才是公司迫切需要的。

把工作当成自己的事业

身在职场，有些人总认为自己就是一个打工者，升职、挣钱才是自己的目的，至于公司的发展跟他一点关系都没有。这样的想法其实是不对的，只有把工作当成自己的事业来做，才能实现自己和企业的双赢。因为只有企业发展得好，个人的事业才能得到发展。

很多人都抱有打工者心态，认为自己所做的一切，最后好处都被老板占有了，自己只挣那么一点工资。因此，只要不影响每个月的报酬，工作是越少越好。更有甚者，在工作上拈轻怕重，在报酬上斤斤计较，在心态上消极被动，遇到难事就溜之大吉，能少干就少干，对于额外安排的工作，总是想方设法推脱。这样的员工不可能获得升职的机会。

我们要知道，我们不是单纯为别人工作，而是为自己工作。当我们具备当老板的心态时，我们就会把公司的事当作自己的事来做。这样一来，我们就会在工作更积极、更主动，并成为老板所倚重的员工。

比尔·盖茨曾经说过："如果只把工作当作一件差事，或者只将目光停留在工作本身，那么，即使是从事你最喜欢的工作，你依然无法持久地保持对工作的激情。但如果把工作当作一项事业来看待，情况就会完全不同。"

如果你只是把工作作为一种生存的手段，甚至鄙视自己的工作，你就会感到痛苦、煎熬。如果你把工作当成自己的事业，你就会迸发出难以想象的能量，就会激发出巨大的工作热情。

工作就是我们的事业，在工作中不断修炼自己、提升自己，坚守初心才能凤凰涅槃。带着这样的工作观，我们才能发现工作的价值，才能全身心地投入到工作中。

由洛克菲勒创办的美国标准石油公司里有一个名叫阿基勃特的基层推销员，无论外出、购物、吃饭、付账，甚至给朋友写信，只要有签名和写字的机会，他都不忘写上“每桶石油4美元”。时间久了，同事们都开玩笑地称他为“每桶4美元”。

四年后的一天，洛克菲勒无意中听说了此事，于是邀请阿基勃特共进晚餐，并问他为什么这么做。阿基勃特说：“这不是公司的宣传口号吗？”洛克菲勒说：“你觉得工作之外的时间里，还有义务为公司宣传吗？”阿基勃特反问道：“为什么不呢？难道工作之外的时间里，我就不是这个公司的一员吗？我多写一次，不就多一个人知道吗？”

洛克菲勒对阿基勃特的举动大为赞叹，开始有意培养他。又过了五年，洛克菲勒卸职，他没有将第二任董事长的职位交给自己的儿子，而是交给了阿基勃特。这一任命出乎所有人的意料，包括阿基勃特自己。

其实，人们不应感到意外，一个把公司的命运时刻放在心里的人，自然会受到老板的信赖；一个把工作当成事业的人，老板自然敢把公司托付给他。事后的结果证明，洛克菲勒的任命是一个英明的决定，在阿基勃特的领导下，美国标准石油公司更加兴旺繁荣。

工作就是我们的事业，这应该是每个人坚守的信念。有句话说得好：“今天的成绩是昨天的积累，而明天的成功则来源于今天的努力。”只有把自己的工作当成毕生的事业，我们才能容忍工作中的辛苦与枯燥，才能发现工作的乐趣，才能明白工作的意义。

一个年轻人博士毕业后，不顾家人的反对，毅然选择进入与专业相关的化工厂工作。而且，他还选择从基层做起。工作中，他和别的工人不一样，别人下班就回家休息，他却继续留在公司，详细了解工厂的生产情况。

进入工厂一个月后，他发现了一个问题，公司现在生产的产品已经过时了，而且工艺很差，他建议老板改进技术。刚开始，他的建议并未得到回应，可他不死心，仍旧五次三番去说服老板，并写了详细的项目方案。同事们看他这么辛苦，都劝他：“公司就给了你这点工资，何必这么卖命？”但他却说：“这是我自己的选择，这就是我的事业。”

功夫不负有心人，最终公司采纳了他的方案，购买了新的生产线，不光节约了成本，还提升了产品的市场占有率。年轻人依然认真地工作，三年后，他就成了公司的副总经理。

台湾首富王永庆先生说过：“一个人把工作当成职业，他会全力应付；一个人把工作当成事业，他会全力以赴。”一个人只有将工作当成自己的事业，他才会倾注自己全部的热情，他才会取得成功。

当然，能够把工作当作事业来做，对任何人来说都不是一件容易的事情。最难的就是要调整自己的心态，从一个旁观者变成参与者，甚至要有主人翁精神，做到事事关己，事事关心，将公司的发展与自己价值的实现紧密联系在一起，将公司的命运系在心上。

当你能够将工作当成事业来做的时候，很自然地，你就会把自己全部的精力都放在工作上。同时，在工作中遇到困难的时候，你会主动地去解决问题，而不是拖延时间，等待老板来解决问题。

请你记住：

- 为自己工作，你的能力才能更快地得到提高。
- 将自己和公司联系在一起，才能和公司共同发展。

第四章　担当——岗位就是责任

有岗位就意味着有责任，有工作就意味着有义务。选择坚守自己的岗位，就选择了承担更多责任，勇于承担责任是员工立足职场的基础，也是未来取得成功的关键。

岗位就是责任

英国社会学家戴维斯曾说过："放弃了自己对社会的责任，就意味着放弃了自身在这个社会中更好的生存机会。"这句话放在职场上同样适用，一个放弃了责任的员工，就等于放弃了自己在企业中更好的发展机会。

职责是每个岗位特定的属性，一个企业中，领导有领导的职责，员工有员工的职责。职责规定了你在岗位上可以做什么、不可以做什么，员工想要更好地承担责任，就必须先搞明白自己的岗位职责。

充分了解自己的岗位职责是干好工作的前提。分工不同，员工的职责自然不同，我们每个人都要根据自己担当的角色，真正了解自己所负的责任，站好自己的岗，尽好自己的责，不断学习新的知识，苦练岗位技能，提高执行力，以强烈的责任意识，以饱满的热情，全身心地投入到工作中。

但是，在现实生活中，很多人不知道自己的职责是什么，不知道自己该干什么、该坚持什么、怎样才能做好工作。

单定是一家大型快递公司的打包员，从进入公司开始，他的工作就是为几个大型工厂的产品贴上快递单，然后发出去。他进入公司后，只是跟着老员工学了几天，就自己开始贴快递单。所有人都觉得这是一个简单而枯燥的工作，毫无技术可言，单定自己也是这么觉得的。

一次，公司发生了一起重大事故，打码员将两批货物的地址打错了，导致货物发往了错误的目的地，为此，客户大发雷霆，公司不但赔偿了损失，还丢了一个大客户。而这两批货正好是单定负责贴的，刚开始，单定抱着一种旁观者的心态，认为这个错误和自己没有关系，但处罚单下来后，他傻眼了。除了打码员受到处罚外，他也被罚了半年的奖金。他愤怒地找领导要说法，领导只是淡淡地说了一句："回去看看你的岗位职责。"摸不着头脑的单定翻开员工手册，原来，他的岗位职责中很重要的一条就是必须核对快递单与货物是否一致。确实，在贴快递单时，如果自己将包装箱和快递单核对一下，就不会发生这样的事了，单定后悔不已。

工作中有很多人像单定一样，看似认真工作，其实并没有真正了解自己的职责，没有把握自己的工作重心，这样就很容易给企业带来麻烦，甚至造成损失。

所以，我们首先要明确自己的工作职责是什么，知道自己该承担什么样的工作、肩负什么样的责任、如何更好地去做、什么是不该做的，等等。认真负责任地干好工作，在自己的岗位上充分发挥自己的能力，坚定地守住底线，有质量地完成自己的工作任务，才算得上真正地履行了自己的岗位职责。

苏畅是一名刚从法律系毕业的大学生，经过面试，她终于应聘进了自己心仪的一家大公司，虽然刚开始的工作只是打印文件和收发传真，她依然满怀激情。

进入公司的第一天，公司就给所有的新员工发了一本员工岗位手册，苏畅很认真地看了起来，而其他同事却将手册丢在了一边。

初入职场的苏畅勤奋努力，充满激情，干起工作来认真负责，很快就在新员工中崭露头角。有一天，合作公司发来了一份合同，合同的条款都是经过双方商议好的，发来合同就是让公司领导签字盖章的。苏畅接到了这份传真，她看了一遍合同，发现合同中有一处“陷阱”，这个条款对本公司非常不利。出于谨慎，她向办公室领导反映了这个问题，领导笑着说：“这是两个公司商议的，律师也是看过的，不会有问题的。”但苏畅一直谨记员工手册上的那句话：“从你手中发出的文件不得有任何问题”，于是，她把问题反映给了分管合同的副总。

事后证明，苏畅是对的，合同经过修改后，需要重新签订。当副总问她为什么如此坚持的时候，她说：“员工手册告诉我必须保证文件的100%正确，我只是努力这样做而已。”

苏畅是每个企业都喜欢的员工，但很多人即使看到了岗位职责，也只是把它当成一句空话，很少会记在心里，落实在行动上。

我们每个人都有自己专属的岗位，担负着不同的任务和责任。如果你是一名工人，那么，你就要把产品做到完美，让产品符合市场标准；如果你是一名教师，那么，你就要把学生教好，让他们成为社会栋梁；如果你是一名政府工作人员，那么，你就要服务好群众，让人民更信赖政府。

作为一个员工，如果不知道自己的岗位职责，不明确自己在企业中的定位，那么就会不知道自己该干什么、不该干什么，所以，明确岗位职责至关重要。想要更好的发展，仅仅满足于完成基本的岗位职责是不行的，还必须更进一步挖掘岗位内涵，主动去做好与岗位职责有关的事情，做一个有使命感和责任感的员工。例如，企业的营销人员不仅仅只是做产品营销，他还应该是企业文化的推销人、企业形象的代言人。如果你想得到更好的发展，就必须深刻理解自己的岗位职责，找到自己的岗位使命，拓宽自己的发展道路。

请你记住：

- 充分了解自己的岗位职责，是承担责任的前提。
- 深刻挖掘岗位内涵，激发员工的使命感和责任感。

对工作负责其实是对自己负责

我们每个人都承担着很多责任，有社会责任、家庭责任和工作责任，从结果来看，负责之后的受益者都是我们自己。对工作负责的结果是获得劳动所得，或许还能获得晋升的机会；对生活负责的结果是自己享受了生活的愉悦、爱情的甜蜜和家庭的幸福。所有的负责，其实都是对自己负责。

麦当劳创始人雷蒙克罗克曾这样说过：“我总是相信，一个人的幸福是由自己创造的，当然，自己的问题也该由自己负责，这是一个简单的道理。”责任是企业的生存之本，也是个人的成功之本，对工作负责，就是对自己的人生负责。

对工作负责就是对自己负责，你“敷衍”工作，工作也会“敷衍”你。敷衍工作浪费的是自己的时间和精力。老虎圈养太久会忘记奔跑，宝剑埋得太久会生锈，如果一个人一直混日子，那其存在的价值也会逐渐丧失。对工作负责一方面是在为自己的能力添砖加瓦，另一方面也是借着工作这个平台来逐渐实现自己的理想。

一个农夫有一头耕牛和一头骡子，开始，牛和骡子一起耕地，为了提高劳动效率，农夫决定让牛和骡子分头劳作。刚开始一切正常，但是，干着干着，骡子开始厌倦这种单调而辛苦的工作，思考良久，它决定用装病来逃避劳动。当它把这个想法告诉耕牛，并希望耕牛和自己一起时，耕牛摇头说道：“不行，我必须把工作干好，耕种的季节很短，一旦错过，将损失一年的收成，等忙完再休息吧！”

但骡子不听，依然按计划装病，农夫看到骡子痛苦的表情，决定给他放假休息，而且专门给它铺上新的干草，给它丰富的食物，希望它早点好。

晚上，耕牛疲惫地回到家，骡子询问耕种的情况，耕牛说：“没有了你，我们的翻地速度大大降低，想要按时播种，还得加把劲。”接着骡子又问：“主人责怪我了没有？”“没有。”耕牛说。心情极好的骡子开始跟耕牛炫耀今天自己的优厚待遇，耕牛无动于衷。

骡子变得越来越懒，经常以生病为由逃避工作。终于，一天清晨，当骡子还在盘算继续装病时，农夫领着一个屠夫走了过来。骡子吓坏了，他拼命地跳跃，展示自己的力量和肌肉，但农夫毫无反应，依然和屠夫讨价还价，最终，后悔万分的骡子被屠夫牵走了。

骡子的使命是帮助主人完成耕地的任务，当它无法胜任劳动者这个角色时，主人就会让它转变为另一种角色——肉食提供者。工作中，我们扮演者一个或多个角色，承担着自己的责任，只有当你的能力与责任匹配，你才有价值，公司才会给你继续发展的空间。

张敏在职场生涯中曾遇到过两个有代表性的“主管”。

一个主管工作不主动，缺乏责任心。他在工作中不能发现问题，即使发现了，他也会视而不见。只有在上级领导下达命令和指示后，他才会被动地去解决问题。他工作时分不清主次，导致他所带领的团队存在大量的问题，比如用人不当，合适的人没有在合适的岗位上；分工不明，导致很多工作被搁置。更严重的是，他不能以身作则，常常带头违反公司制度，导致下属工作纪律松散，团队丧失战斗力。

另一个主管态度积极，责任心极强。他经常深入了解工作的各个细节，总能把合适的人安排在合适的岗位上；他总能及时发现每个人的不足之处，及时帮他们纠正；他总能发现员工的内在潜力，激烈每个员工。他的团队秩序井然，气氛和谐，工作效率极高。

如果员工有责任感，无论做什么事，他都会尽职尽责，总能在第一时间发现问题并纠正问题；如果员工没有责任感，哪怕是明摆着的问题，他也会视而不见，哪怕再简单的事，他也会敷衍推诿。

岗位就意味着责任，对岗位负责就是对我们自己负责。只有对工作过程负责，才能得到好的工作成果，而好的工作成果能帮助我们更快地进步。

对自己负责，是一个人事业成功的基础，也是一个人成熟的标志。只有主动承担责任，对自己负责，对工作负责，对他人负责，我们才能够更完美地展现自己，我们的能力才能得到提升，我们才能赢得更多的发展机会。

请你记住：

·对工作负责的第一层次是“做完、做快”，第二层次是“做好”，你要争取做得又快又好。

·对自己负责，是一个人事业成功的基础，也是一个人成熟的标志。

坚守岗位就是坚守责任

烈日下的交警，风雪中的环卫工，翻山越岭的电力工人……无论环境恶劣与否，他们总是坚守在自己的岗位上，承担着自己的责任。

大连公共汽车公司702路422号巴士司机黄志全在行车的途中突发心脏病，在生命的最后一分钟，他做了三件事：一是把车缓缓停在路边，拉下手刹，二是把车门打开，让乘客下车，三是将发动机熄灭，确保车和乘客的安全。做完这三件事，他趴在方向盘上，停止了呼吸。他所做的一切并不惊天动地，但正是在生命的最后一刻，对岗位的坚守，对责任的承担，让我们看到了他的伟大。

责任是什么？责任就是勇于担当，就是无私奉献，就是不计得失。一个人只有承担了家庭责任，这个家庭才能和谐美满；每个人承担了社会责任，这个社会才能安定团结。

雷锋在日记中这样写道："如果你是一滴水，你是否滋润了一寸土地？如果你是一缕阳光，你是否照亮了一份黑暗？如果你是一颗螺丝钉，你是否坚守在你的岗位？"是啊，我们每个人都工作在不同的岗位上，虽然充满了辛酸和疲惫，但我们必须做坚守岗位的螺丝钉，不脱节，不掉链。只有坚守我们的岗位，坚守我们的责任，我们才能在企业中发挥自己的才干。

由于公司经营不善，需要裁员，在下岗名单上，内勤部的小米和小北赫然在列，按照规定，他们必须在一个月后离岗。第二天上班，小米心里憋着气，情绪仍然很激动，什么也干不下去。她一会儿找同事哭诉，一会儿找主任诉苦，原本属于她的工作：定盒饭、传送文件、收发信件等，她全扔在一边，别人只好替她干。小北虽然也哭了一个晚上，可是难过归难过，她觉得自己在这最后的时间里还是要把自己的工作做好。她默默地打开电脑，按部就班地继续工作。同事们知道她要下岗了，都不好意思再找她帮忙了。但她特地和大家说明，并主动揽活。她说："既然事情已成定局，伤心难过也无济于事，既然我还在这个岗位上，那我就必须站好最后一班岗。"于是，同事们又像从前一样，有什么事情还找她帮忙。"小北，把这个打出来，快点儿！""小北，快把这个传出去！"小北总是连声答应，随叫随到，坚守着她的岗位，坚守着她的职责。

一个月后，小米走了，而小北却留了下来。主任当众宣布了老总的话："小北的岗位谁也无法代替，像小北这样的员工，公司永远也不会嫌多！"

每个岗位就像一个个零部件，当我们在这个岗位上工作，也就承担了相应的责任。只有我们每个人都坚守自己的岗位，社会才能有条不紊地良性运转。

做岗位的坚守者，要有高度的责任心。要时刻牢记自己的岗位职责，有强烈的责任心和使命感，认真履行自己岗位应承担的责任。在其位，谋其职，尽其责。

一位名叫吉埃丝的美国记者在日本东京出差，她在奥达克余百货公司买了一台点唱机，准备寄给纽约的妈妈作为礼物。售货员挑了一台机器给她。当吉埃丝回到住处，拆开包装准备试用时，她才发现机器没装内件，根本无法使用。吉埃丝火冒三丈，准备第二天一早即去百货公司交涉，并迅速写了一篇新闻稿“笑脸背后的真面目”。

第二天一早，一辆汽车停在她的门前，从车上下来的是奥达克余百货公司的总经理和拎着大皮箱的职员。他俩一走进客厅就俯首鞠躬、连连道歉，吉埃丝搞不清楚百货公司是如何找到她的。那位职员讲述了大致的经过。原来，昨日下午清点商品时，他们发现将一个空心的货样卖给了一位顾客，此事非同小可，总经理马上召集有关人员商议，制定了一个寻人行动。他们打了32个紧急电话，向东京的各大宾馆查询，没有结果。接着，他们又打电话到美国大使馆，希望得到帮助，但因线索太少，大使馆也无能为力。最后，通过监控录像，他们联系上了出租车公司，最终确定了客人的下榻酒店。这期间，他们共打了35个紧急电话。职员说完，总经理将一台完好的唱机外加唱片一张、蛋糕一盒奉上，并再次表示歉意。

吉埃丝非常感动，她立即重写了新闻稿，题目就是“35个紧急电话”。

那些选择坚守的人懂得，自己既然“打了这份工”，就应该尽心尽力地干好。他们不会把这种行为当作了不起的事，因为，在他们看来，这些本就是该做的。

请你记住：

- 无论何时，都要坚守自己的岗位，坚守自己的责任。
- 坚守不是枯守，而是竭尽全力的付出和奉献。

绝不推卸自己的岗位责任

职场中很忌讳“不是我的错，这件事不归我负责”这句话。因为在工作中，老板只重视三个问题：一是你有没有干事的能力，二是你有没有承担责任的勇气，三是你有没有改正错误的自觉性。

著名企业家松下幸之助说：“做人跟做企业是一样的，第一要诀就是要勇于承担责任，勇于承担责任就像是树木的根，如果没有了根，那么，树木也就没有了生命。”

“没人告诉我该怎么做。”“我不清楚这是怎么回事。”这些推卸责任的话我们是比较熟悉的，我们不光听过，甚至很多人还曾说过。在那些没有责任心的人看来，成功了是自己的功劳，失败了都是别人的过错。遇到问题，很多人不是去想解决的办法，而是只想着如何找借口推脱责任，这样的人最终只会让同事“看不起”，让领导“看不惯”。

任何借口都是推卸责任，它既不会帮助我们解决问题，也不会减轻损失。当问题出现后，员工不要想着掩盖问题，而应该主动承认自己的错误。因为一个凡事总找借口的员工无论如何都得不到领导的信任，而坦率承认错误则会让领导看到你的勇气和担当。

张帅和李伟两个人同在一家快递公司上班，他们工作一直都很认真，老板对他们很满意。

一次，张帅和李伟负责把一幅名画送到码头。这个邮件很贵重，临行前，老板反复叮嘱他们要小心。一路上，张帅都让李伟抱着邮件，等安全到了码头，马上要交给客户时，张帅说："李伟，你一路辛苦了，把邮件给我吧。"

就在李伟将画递给张帅的时候，张帅没接稳，邮包掉进了水里，名画毁了。

老板对他俩进行了严厉的批评。张帅趁着李伟不在，偷偷跑到老板办公室对老板说："老板，这不是我的错，是李伟不小心掉到水里的。"老板平静地说："好的，张帅，我知道了。"随后，老板把李伟叫到办公室，李伟就把事情的原委告诉了老板，最后，李伟说："这件事情是我的失职，我愿意承担责任。"

张帅和李伟一直等待处理结果。很快，老板把张帅和李伟叫到了办公室，对他俩说："其实，客户已经看见了你俩在递接名画时的动作，他跟我说了他看见的事实。还有，我也看到了问题出现后你们两个人的反应。我决定，李伟升为主管，用你赚的钱来偿还客户。张帅，明天你不用来上班了。"

有的员工看到成绩，就往自己身上揽，而一看到问题，就往别人身上推。他们从不正视问题，从不从自身找原因，更不会引以为戒，改进工作方法。更有甚者，他们明知道是自己的错误，却让无辜的人为自己承担后果。张帅把本该属于自己承担的责任推给了李伟，最终却得到了开除的处分，而主动承担责任的李伟却得到了升迁。

一个勇于承担责任的员工，能力会得到提升，才华会得以展示，这样，他才有机会得到领导的重用。而一个推卸责任的员工不但得不到发展，甚至连饭碗都会丢掉。责任与机遇并行，不承担责任就没有机会，责任越大，机会就越多。

帕克是一家国际贸易公司的市场部经理。他的工作一直干得很好，但在任职期间，他曾经犯下了一个错误。他没经过仔细调查研究，就批复了一个员工为伦敦一家公司生产6万部高档相机的报告，而且，这单生意一直是该员工与客户在单线联系，客户也没在公司备案。等到产品生产出来准备报关时，他才知道那个员工被猎头公司挖走了，而订单和客户也被他带走了。如果这批货运到伦敦，公司将找不到买主，货款自然会打水漂。

帕克一时想不出补救对策，一个人在办公室里焦虑不安。这时，老板走了进来，见帕克的脸色非常难看，老板就问他是怎么回事。帕克就向老板讲述了一切，并主动认错："这是我的失误，我一定会尽最大努力挽回损失。"

老板被帕克勇于负责的勇气打动了，答应了他的请求，并拨出一笔钱，让他到伦敦考察市场。

经过不懈的努力，帕克在伦敦终于找到了一家客户。最终，这批相机以高于原报告的价格转让了出去。帕克也因此得到了老板的嘉奖。

在需要你承担责任的时候，勇敢地承担它，这样你才能抓住机会，展示自己的能力。社会学家戴维斯说："放弃了自己对社会的责任，就意味着放弃了自身在这个社会中更好的生存机会。"机遇就在工作中，但有些员工自由散漫、不负责任，他们把谋求自我实现、自我发展当成天经地义的事，而把责任抛在脑后。

优秀的员工都是具有高度责任感与使命感的人。他们在困难面前不退缩，在成功面前不骄傲。他们绝不会为失败找借口，只会主动承担责任，努力寻找解决问题的办法。

借口是一个敷衍别人、原谅自己的“挡箭牌”，任何理由都不是推卸责任的借口。一个优秀的员工能够通过尽职尽责的工作来展现自己的能力，反之，一个只会推卸责任、凡事找借口的员工永远也不会有出色的业绩。

请你记住：

· 不要推卸责任，不要找借口，你应该找的是方法，是解决问题的途径。

· 你认为推掉的是责任，其实你失去的是展示能力的舞台，失去的是成功的机会。

勇于承担更多责任

责任这个词我们并不陌生，我们经常能看到一些标语，如“爱护环境，人人有责”“保护森林，人人有责”等，这些标语都在强调责任。那责任到底是什么呢？就如马云所说：“你能对五六个人负责，你就是部门经理；你能对几百人负责，你就是总经理。”

路上躺着着一根生锈的铁钉，如果有人没看见踩上去，肯定会受伤。第一个人看见了，心想不关自己的事，又不是自己扔的，假装没看见，绕道而行；第二个人看见了，知道危险，但自己太忙，还有重要的事没做，不如等处理完了再回来捡；第三个人看见了，立刻弯腰捡了起来。

第一个人看见了那颗生锈的铁钉却绕道而行，他是自私的人，因为他只为自己的利益考虑，不愿多担一点责任；第二个人是推脱责任的人，遇事找借口，就是不愿意主动去承担责任；第三个人心里装着其他人，愿意承担更多的责任，企业就需要这样的人才，社会也需要这样的人才。

王路是个勤快的小伙子，他在一个大型住宅小区里干保安的工作，虽然工作很普通，他却做得很认真，因为他相信，只要努力，就会有好的结果。王路在小区里很受欢迎，一方面因为他对待工作尽职尽责，另一方面是因为他总是乐于助人。

一天，王路值夜班，夜里十点，他例行在小区里巡逻。一位老奶奶找到他，说家里的暖气片突然不热了，想找物业去给修修。但是，这个时候修理工早就下班了，要修只能等到明天。王路工作之余也跟修理工师傅学过两手，于是，他二话不说，拿上工具就去老奶奶家里了，忙活了一个小时，暖气片总算是修好了。

还有一次，王路正在值班，突然看到一个女士抱着一个孩子，一脸慌张地向大门狂奔，因为力气小、孩子重，那个女士几次差点摔倒。王路急忙跑上前问明情况，原来孩子突然发高烧，晕厥了过去。事不宜迟，王路一把接过孩子，跑到门口，拦了一辆出租车，将孩子送到了医院。

这些事按理说都不是保安的工作范畴，但是，王路却主动承担起了这些责任，正因为如此，他的工作得到了小区业主的认可，在年底的物业之星评比中，他高票当选。不久后，他就因为工作突出，被提拔为保安队长。

工作中，那些成长迅速、能力出众的员工，往往都愿意承担更多的责任。承担责任让我们有更丰富的经历，而更多的经历为我们积累了更多的经验。看到责任，不要畏惧，不要退缩，勇敢担当，做一名负责任的员工。

主动承担责任会改变一个人的工作态度，不管你身处何种岗位，更多的责任都会让你获得更大的成功。因为承担更多责任、干更多工作，会让公司更需要你，让领导更看重你。

承担更多的责任，能使人变得更加积极。无论你是管理者还是普通职员，承担更大的责任，你的老板和客户就会更关注你、信赖你，从而给你更多的机会。

程怡应聘到一家公司做工程师，公司安排她先实习六个月，上午听课，下午完成工作。

程怡上午认真听课，下午把自己关在办公室里阅读技术文件、学习软件程序。当有同事因太忙碌请她帮忙时，她都会拒绝别人。她认为，自己最首要的任务就是提高自己的技术能力，向公司证明自己的技术能力很出色。

六个月后，程怡的技术学习完成得很好，但经理显然对此并不满意，并决定延长她的实习期。

程怡有点想不明白，就去问经理为什么延长了自己的实习期。经理说："公司需要有主动性的工程师，要乐于为别人提供帮助，能够承担更多的责任，而你呢？"

程怡低下了头。从那以后，每当同事遇到问题或忙不过来时，她就会主动帮忙。慢慢地，程怡不仅提高了自己的技术能力，还拓展了自己的人脉。实习结束后，程怡受到了经理的表扬，她的主动性和责任心得到了肯定。

对于一个敢于承担责任的人来说，责任心有多大，舞台就有多大。一个优秀的员工，不仅仅是能够坚持自己的想法，并主动地完成它，还应该主动承担自己工作以外的责任。也只有那些积极主动承担更多责任的人，才能得到更多的重用。

请你记住：

· 承担更多的责任，会使你变得更积极、更主动，眼光也会变得更高、更远。

·如果你不光承担起了自己的责任，还主动去承担更多的责任，对他人、企业、社会都有责任感，那么，你一定会取得成功。

第五章　执行——不找借口，全力以赴

服从是军人的天职，服从亦是员工的本分。所有工作的开展都以员工的服从为基础，有绝对服从，才有强大的执行力，从上至下的执行力是企业发展的动力。

服从是员工的本分

不管你是想成为一名优秀的指挥官，还是想成为一名领导者，都必须从学习服从开始，这正是西点军校的教育理念。而西点军校之所以能培养出大批杰出的企业家、军官和政治家，靠的正是严格的服从纪律。

军队需要士兵绝对服从，企业同样需要员工无条件服从，如果上级的决策没有得到下级快速执行的话，整个公司就会陷入混乱；一个团队只有无条件服从上司的命令，才能发挥出超强的执行能力，团队才能够胜人一筹。

王伟大学毕业后，进入一家上市公司市场部工作，虽然只是一名基层员工，但他工作非常勤奋。随着公司业务范围的不断拓展，公司准备在西北部设立一个办事处，开拓新的市场。因为位置偏远，所以，大家都不太愿意去开拓新市场。

公司需要组建一个新团队，除了一名经理外，公司分别找了5名员工谈话，其他人都以各种各样的理由拒绝了，当公司管理层找到王伟时，他不假思索就同意了。很快，王伟就跟着经理去了西北，他们在恶劣的环境下，一点一点地开拓市场。有段时间，王伟几乎没有在正点时间吃过饭，每天都工作到很晚才能睡觉。他曾想过放弃，但是他不断地告诉自己，既然公司把这个重要任务交给了自己，那么，自己必须服从，必须执行。

就这样，他们一干就是两年，终于让这个原本不被大家看好的办事处焕发了生机，销售额在公司里名列前茅。总公司决定将办事处升级为分公司，而王伟顺理成章地成为分公司的市场部总监。

服从是执行的第一步，在一个团体中，为了工作的开展，个体必须要服从集体的价值导向，甚至要放弃自己的个性。服从也是一个学习的过程，只有俯下身子服从，才能更好地理解公司的运作模式和文化内涵。

服从是一个优秀员工必备的素质。一个没有服从意识的人不光在职场上不会取得好成绩，不要找各种理由来抗拒上级的命令。企业在不同时期有着不同的工作目标，而这些目标要靠每一个员工来实现。所以，培养员工的服从意识，提高员工的执行力，对一个公司的发展至关重要。

艾尔生是一家房地产公司的普通业务员。一个月前，公司的一个新写字楼建成开售，按照惯例，公司要按区域给业务员划分片区，然后业务员上门推销。一天早上，看到下发的片区分配表，艾尔生皱了皱眉头，因为他分到的片区是一片工厂区，这些工厂效益普遍不好，而且远离市区，客户来这里购买的可能性极低。面对同事的幸灾乐祸，他毅然接下了任务。

拿到任务的当天，艾尔生就走遍了当地的所有工厂，果然没有一家表示想要购买。艾尔生并没有气馁，通过了解他发现，写字楼周边有片区内那些工厂的供货商和采购商，如果把联络部设在写字楼，可以促使双方更方便洽谈。另外，针对那些工厂所需面积不大的特点，他特地向公司申请，将其中的一层重新隔成小单元，这样，就降低了工厂购买办公间的成本。于是，艾尔生的销售额直线上升，最后，他把整整一层写字楼都卖了出去。这个业绩让同事们惊叹不已，艾尔生也因此获得了丰厚的提成。

没有服从，一切都无从谈起。一个优秀的员工，对公司安排的工作持积极态度，不仅全盘接受，还会努力干好。做一名优秀的员工，从服从做起；而做一个成功的企业，也必须从提升员工的服从意识开始。

作为员工，我们必须树立服从意识，否则，我们在职场上将寸步难行。军队中流行这样一句话：“理解要服从，不理解更要服从”，企业同样如此，一个优秀的团队必然有自上而下的服从意识，执行坚决、落实迅速是一个企业能够取得成功的关键。

领导做出的决策都是从公司整体利益出发，且他们站得高、看得远，所以，他们的指令是符合公司当下发展需要的。如果下属不能服从，那么，整个团队在达成目标的过程中就会遇到障碍；反之，团队则能发挥出超强的执行能力，整个团队也将取得成果。

任何人都必须无理由地服从组织的决定，不管你的功劳多，还是你才华横溢，只要你是组织中的一员，你首先要做的就是服从。否则，你将失去展示自己才华的舞台。

请你记住：

·你的上级比你更有经验，接触的信息更多，站的位置更高，所以，他的命令更符合公司的发展需要，你必须服从。

·你是团队中的一员，就像一部机器的一个配件，当你一个人不服从指令时，那么，整部机器就会瘫痪。

服从是完成工作的基础

没有服从，就没有执行，服从是干好工作的基础，服从是确保有效执行的前提。那么，服从精神是什么？是对上级下达的指令和任务欣然接受、毫无怨言，全力以赴地贯彻执行；是不讲条件，不问原因，不计较报酬，不折不扣地落实完成；是无论遇到什么困难、遇到多大阻力，都会恪尽职守，想尽一切办法达成目标。

职场上要求的是绝对服从，只有一个团队自上而下地无条件服从命令、坚决执行，这个团队才能产生巨大的战斗力。

服从意识是员工立身职场的关键品质之一。懂得服从的员工才能获得领导的信赖，而具备服从意识也是一个员工提升能力的基础。服从让人勇敢，让人全力以赴。

小王是一家公司销售部的员工，他学历高，而且很聪明，工作起来也很努力，但是有一点不好，就是自视甚高，对于领导安排的任务和工作，他总是喜欢从中找漏洞，以此彰显自己的能力。而他的同事小张为人老实，勤奋踏实，对领导的指示总是无条件服从。

领导对两人的评价截然不同，对小王是又爱又恨，爱他的聪明，恨他的“挑剔”；对小张则欣赏有加，虽然小张没有小王那么机灵，但他总是能不折不扣地执行自己的命令。

一次，公司新制定了一个销售计划，准备交给小王实施。小王看到方案后，就开始指出方案中的错误和漏洞，最后的结论是计划实施的结果必定是失败。公司无奈，只好将方案又交给了小张，小张二话不说就接了过来，虽然在实施的过程遇到了不少困难，但小张都一一克服，并最终证明了方案是可行的。

最后，自诩聪明的小王一直做着销售员的工作，而“笨笨”的小张却越来越得到领导的青睐，一步步升到了销售总监的位置上。

不管在什么组织里，如果下属不能服从上司的安排，那么，团队就很难实现共同的目标。只有服从上司安排，才能更好地发挥自己的能力，让组织与个人在竞争中脱颖而出。因此，服从就是执行力和竞争力。

对于领导的安排，我们必须无条件地服从。虽然领导与下属是平等的，但是，在组织上，下属要懂得自己的职责就是服从领导的安排，执行领导的部署。

也许你觉得自己很聪明，领导的安排在你看来漏洞百出，你质疑领导的决定，甚至直接对抗，但是，你这样做的结果只会是你被公司开除。其实，正确的做法应该是先服从，按照领导的安排开始工作，如果发现问题，再及时和领导沟通，适当表达自己的意见。

小徐是公司项目组的资料员，由于他学历高、能力强，所以，公司所有项目的文件都由他经手制作完成，渐渐地，他就变得骄傲起来。

项目经理问他：“小徐，文件写得怎样了？今天下班前尽量提交给我。”小徐却是漫不经心，说：“什么？今天就要？我最近很忙的，公司的很多项目都找我要文件，我根本忙不过来，你的文件过两天再给你。”

当着其他同事的面，项目经理觉得很没面子，但有求于他，没有办法，他还是努力控制住自己不满的情绪，说道：“我几天前就告诉你说文件明天要用，你还说没问题，那你现在让我怎么办？赶紧写，晚上我陪你加班。”

小徐一听让他加班，很生气，扭头就走了，下班也没给项目经理提交文件。一个月后的一天，小徐刚走到办公室就发现了一个生面孔，打听后才知道，这是公司新招的资料员。小徐似乎明白了什么，从那以后，很少有领导再找小徐打文件了。

企业领导由于处于把控全局的位置，掌握的信息比较全面，眼光比一般员工更长远，总的来说，他们考虑问题比较周全，做出的指示也都能够从大局出发。所以，领导基于全局考虑制定的计划是从公司的利益出发的，员工只有服从领导的指示，才能为公司的发展做出贡献。

请你记住：

·如果有不同意见，可以在老板没做决策前给出建议，一旦老板决定了，我们就要服从决定。

·领导的决策管理所依靠的是一个完善的系统，作为下属，我们必须认识到领导在信息、经验以及决策上的优势。

执行不需借口

在工作中，很多人总是习惯于找借口，上班迟到了，因为“路上堵车”；工作无业绩，但“我已经尽力了”……只要有心去找，借口无处不在，借口就是一张敷衍别人、原谅自己的“挡箭牌”，就是一副掩饰弱点、推卸责任的“万能器”。有太多人把宝贵的时间和精力放在了寻找合适的借口上，而忘记了自己的职责。

很多人在面临挑战时，总是为自己未能实现目标找出无数个理由。而正确的做法是，像军队所要求的那样，抛弃所有的借口，找出解决问题的方法。

优秀的员工从不在工作中寻找任何借口，他们总是最大限度地满足客户的要求，而不是找理由推诿；他们总是出色地完成上级安排的任务，替领导解决问题；他们总是尽全力配合同事的工作，完成团队任务。执行没有借口，只有做到和想方设法做到。这就告诫我们不要把时间浪费在找借口上，与其费力找借口，不如努力找方法。

刘伟在一家公司工作了好多年，专门做业务销售，一直以来，他勤奋上进，深得上司的喜爱。可是有一次，他的一笔业务被竞争对手抢走了，给公司带来了一定的损失。事后，他害怕公司领导责怪，主动向领导解释。由于去年他出过一场车祸，导致右腿走路有点不便，他谎称那天是因为腿伤发作，所以，他比对手迟到了五分钟。这个“合情合理”的解释，让刘伟获得了领导的谅解。自那以后，刘伟就成了公司里有“特殊情况”的人，每当公司要他出去办理难度大的业务时，他总是以“腿不方便，不能胜任这项工作”为借口而推诿。

其实，刘伟的右腿只是有点轻微的跛，不仔细观察，根本就看不出来，既不影响他的形象，也不会耽误他的工作。但自从那次免于受罚之后，他就把自己的“腿伤”当成了借口，不管有什么问题，“腿伤”就成了他的“挡箭牌”。

刚开始，领导理解他、原谅他，但很快，领导发现，不论遇到什么事，刘伟都以腿伤为理由，他把大部分时间和精力都花在寻找借口上，时间一长，他的业务成绩直线下滑。最终，忍无可忍的领导将他辞退了。

俗话说得好：如果想做一件事，你一定会找到一个方法；如果不想做一件事，你一定会找到一个借口。找借口实际上就是不思解决之道。借口会让我们暂时逃避责任，但事实上，问题还是在那里，逃避对我们的长远发展极为不利。

善于找借口的人缺乏自动自发的主动性，经常性地找借口会让你在人生中停滞不前。找借口的潜台词就是“我不行，我做不来，我不想做”，如果养成了找借口的坏习惯，遇到问题，你就会本能地朝着消极的方向思考问题，你就会失去成功的机会，最终一事无成。

爱找借口其实是人的惰性在作怪，人的本能是逃避困难的，所以，人很容易养成找借口的坏习惯，而这个习惯一旦养成，就会让你陷入停滞不前的境地。所以，作为员工，我们必须抛弃找借口的习惯，努力培养迎难而上、勇于承担责任的精神，不断提高自身的能力，一步步走向成功。

苟玉强刚开始工作时，是到街头派发传单。上班第一天，老板把他们集中在一起训话，他一直记得老板说的："我要的是业绩，不是借口，你要找的是方法，不是理由。"知道工作来之不易，所以，苟玉强在工作中异常努力，虽然传单发得最多，但他的业务量却很少。经过仔细分析和观察，他发现区域选择很重要。

调整了策略以后，他的业务渐渐多了起来，他也从发单员变成了销售员。当时，公司销售的是高档小区，只要卖出一套房子，销售员就有不少提成。苟玉强暗自高兴，以为自己马上就能有业绩。但是两个月过去，他一套房都没卖掉。因为他根本不懂谈话技巧，除了简单地介绍楼盘外，他不知道该如何继续话题。

"要找的是方法，不是理由。"苟玉强开始有意识地练习说话技巧，主动找陌生人聊天。两个月后，他的说话能力提高了许多。第一单生意，他赚了一万元，这让他相信自己能胜任这份工作。

没过多久，公司开始采取末位淘汰制，苟玉强的业绩在公司里一直是倒数。于是，他开始学习销售技巧，并买了很多有关营销技巧的书。不久，他就能准确地把握每位客户的心理，他的业绩开始稳步上升。

当苟玉强半年的业绩达到五千万时，他通过内部竞聘，成功成为销售部副总监。但由于他带的销售团队成绩排在最后一名，副总监被撤。以往被撤的人，大多选择离开，但苟玉强却坚持从哪里跌倒，就从哪里爬起来。重做销售员后，他迅速转变角色，重新投入一线销售工作中，很快又拿到全公司业绩第一名，再次当上销售副总监。这一次，他将自己的经验分享给团队成员，并带领团队成员一起努力。从那以后，他带领的团队业绩一直排在第一。

失败的人在找借口，成功的人在找方法。失败的人在第一次享受了借口带来的短暂快乐后，可能有些自责，但是，重复的次数一多，也就变得无所谓了，他们原本仅有的那点上进心也变得越来越少。

有些人遇到问题的时候，总是能够主动去想方法解决问题，而不是找借口躲避责任，找理由为失败辩解。在职场中，只有那些能够积极找方法的人才能够脱颖而出。喜欢找方法、勇于拒绝借口的人，他们在面对困难时往往能够表现出坚韧不拔、锲而不舍的精神，他们不怕挑战困难，也不会推卸自己的责任。这样的人能够赢得领导和同事的尊重和信任，也更能够让自己在问题和困难中的磨砺中变得更有力量。

请你记住：

·只为成功找方法，不为失败找借口。

·找借口会让你习惯于推诿、退让，会让你一事无成；找方法会让你习惯于攻坚克难，会让你功成名就。

执行不打折扣

在生活中，许多人之所以失败，往往是因为他们马虎大意、不负责任。建筑工人可能靠半生不熟的技术建造房屋；医生可能没有做好准备就上了手术台；律师可能没有实际了解案情就上了法庭。建筑时小小的误差，可以使整幢建筑物倒塌；手术前的准备不充分，可能导致病人的死亡；开庭前的不认真，可能使人含冤受屈。

戴尔公司总裁迈克尔·戴尔说："执行力就是每一个阶段、每一个环节都要力求完美、切实执行。"生活中，很多人会说："我不求把工作做到百分之百好，只要做到百分之九十，我就知足了。"乍一听，似乎这个说法很有道理，我们在潜意识里都会认为做到100分太难，能做到90分就很不错了。但是，我们可能没有想过，工作是由一个个相互联系的环节构成的，而每个环节都以上一个环节为基础。如果每个环节都只做到"很不错"的90分，那最终的成绩可能只有59分。

王可是一家公司的市场销售，一次，经理安排他去一家公司洽谈新产品的合作事宜，临走时，经理再三嘱咐他这项业务是公司下半年的主攻项目，决定了今年公司的盈利状况，并一再强调要找到对方市场部的张副总经理谈。

到了这家公司市场部，王可敲门进去，发现办公室只有一个正在收拾东西的中年男子。王可很有礼貌地问道：“请问张副总经理在吗？”这人看了看王可，说道：“他不在，有什么事跟我说吧，我是总经理。”

王可想起经理的话，本想等副总经理，但转念一想，跟总经理说效果更好，何必还要等那位副总经理？于是，王可向这位总经理说明了来意，没想到事情很顺利，很快两家就达成了初步合作意向。

回到公司后，王可受到了经理的表扬。几天后，公司打电话给客户公司，问什么时候可以签订新产品的合作意向书。没想到对方竟全然不知，说并没有与他们达成什么协议。经理很奇怪，赶紧去问王可。王可说自己与他们总经理说好的，当时他们已经同意合作了。

经理大吃一惊，生气地问王可：“我不是让你去找副总经理吗，你为什么不找他？”王可很委屈，说当时办公室里只有总经理在，和总经理谈不是一样嘛。经理一听，更加生气，大声说道：“你知道什么？那个总经理已经被撤职，马上要离开公司，接替他位置的是副总经理，我事先好不容得到消息，才让你提前去的。”王可这才知道，由于自己没有严格执行命令，给公司造成了麻烦，他后悔莫及。

差之毫厘，谬以千里，执行上的一点点偏差，都可能导致结果不尽如人意，甚至失败。很多员工总是抱着“差不多就行了”的思想，工作只做到99分就不做了，但往往，这少做的一分就导致了最后的失败。

张军年龄比较大，找工作变得很不容易，很多单位都拒绝了他。一次，他到一家公司去求职，终于见到了公司的副总。他非常坚定地对这位副总说："我会坚决完成公司交给我的任务。"

公司副总说："那我现在交给你一个任务，马上到合作商那里提一件货，晚上6点之前送到码头，有人接货。"张军回答道："是，保证完成任务。"

等张军赶到合作商那里时，他们已经关门了，此时已经是下午5点，怎么办呢？张军翻遍了企业黄页，找到了合作商的电话，但对方住得很远，赶不过来。张军表示自己既然答应了，就一定会做到，并向老板讲述了自己的经历。老板感动于他的故事，也佩服于他的执着，最终让附近的员工拿着备用钥匙来开了门。此时已经是5点半，张军赶忙打了一辆车赶往码头，此时正是下班高峰，路上很堵，再等下去，时间就来不及了，张军果断下车，跑步前往。当他满身大汗来到码头时，发现副总正站在那里笑嘻嘻地看着他。

其实一切只是考验，一切的障碍都是人为设置的。假如张军没有完成任务的决心，也许在他发现合作商关门的时候，在老板拒绝给他开门时，在出租车堵在路上时，他就已经放弃了。正是这种不打折扣的执行力，最终，张军赢得了这份工作。

成功的关键是执行，执行的关键是不打折扣。很多时候，工作没有取得预期成效，并不是决策或方向出了问题，而是在层层执行中走了样、变了形、打了折。执行中每打一个折扣，工作成效就会降低一个档次，甚至有时，仅仅因为个别细节执行不到位，就会使整个工作成效归零。

执行力的核心是人。只有拥有了具有强大执行力的人，公司才能拥有强大的执行力。企业需要执行力，其实需要的是执行的人，需要的是不折不扣的坚定执行者。成功的人都拥有超强的执行力，同样，成功的企业都拥有不打折扣的执行团队。

请你记住：

·执行力是每个人应具有的素质，也是企业最看重的员工品质之一。

·工作由数个环节构成，一个环节做成90%，会导致整个工作的不完美；数个环节做成90%，会导致整个工作的不及格。

尽力而为，不如全力以赴

戴尔·卡耐基说过：“想要获得成功，尽力而为还不够，必须全力以赴。”作为一名员工，如果你能在任何困难面前都做到全力以赴，积极主动去做任何事情的话，假以时日，你一定会成为公司不可替代的员工。

“尽力而为”是一种态度，它会让人变得懒惰；“全力以赴”是一种精神，它会让我们全力打拼。

“二战”期间，巴顿将军收到一份战事报告，报告详细分析了前线战士的牺牲情况，竟然有很多战士是在跳伞时摔死的，这让巴顿将军相当恼火，他立刻赶到兵工厂，找到负责生产降落伞的商人。一见到商人，巴顿将军便怒斥道：“这是你制造的降落伞吗？那么，我现在命令你背上它上飞机！”说完，巴顿将军抓起刚刚下线还未经过任何检验的伞包扔给商人。商人既惶恐又无奈地解释：“将军，我们已经尽力了，我已经把合格率控制在了99.9%的最高极限了。”巴顿将军毫无退让，厉声说道：“快去执行命令！并且，从今天起，我会不定期过来，你要随时做好准备，背着你的降落伞从飞机上跳下去。”

商人几乎吓瘫了，他只能硬着头皮、胆战心惊地上了飞机。还算运气好，商人背着降落伞安全回到地面。从那以后，巴顿将军的战士再未因跳伞不合格而丧命。

只是尽力而为还不够，我们必须全力以赴。“没有最好，只有更好；没有最高，只有更高。”这才是我们应该拿出的正确的做事态度。

李杰在一家汽车零部件销售公司上班，他很不满意自己的工作，气愤地对朋友说：“我的老板一点儿也不把我放在眼里，他从来都看不到我的努力。到公司这么多年，我干工作一直全力以赴，但升职从没有我的份儿，我真想辞职不干了。”

朋友听完了他的抱怨，反问道：“作为销售员，你充分了解过你的客户吗？当客户拒绝你的时候，你有没有带着产品到客户的办公室去？当客户投诉时，你没有亲自了解问题所在，并帮助客户解决问题吗？”

李杰哑口无言。朋友接着问道：“你虽然是销售员，但作为汽车零部件销售公司的一员，你了解过公司产品的生产情况？你了解每个产品的规格和作用吗？你了解竞争公司的产品优势在哪吗？”

听了朋友的话，李杰陷入了沉思。从那以后，他总是在下班后留在办公室研究产品资料，分析对手情况，遇到棘手的客户，他也会想尽办法促成交易。

一年之后，朋友问他：“你现在还想辞职吗？”

李杰说：“我现在很好，这一年来，老板对我越来越重视，我现在才明白，不是老板看不到我的努力，而是之前的我根本没有全力以赴地对待工作。”

成功取决于态度，永远保持一种全力以赴的工作态度，为自己的行为负责。尽力而为，不应该成为我们干不好工作的借口；全力以赴，应该成为我们的价值追求。

作为职场人，我们做任何事都要全力以赴，全力以赴就是要挖掘自己的潜能，提高自己的工作能力；全力以赴就是要突破自身局限，创新方式方法。只有转变工作态度，掌握工作方法，全力以赴对待工作，我们才可能获得成功。

后腿中了一枪的兔子在荒原上拼命地奔跑，它的后面跟着一只猎犬。不一会儿，兔子的身影就消失在丛林中，猎犬悻悻地回到猎人身边，猎人很生气："你一点儿用都没有，一只受伤的兔子都追不到！"猎犬听了很不服气："我尽力了呀！"

兔子带伤跑回洞里，其它兔子都围过来，惊讶地问它："那只猎犬很凶呀！你又受了伤，怎么跑得过它？""它是尽力而为，我是全力以赴呀！它没追上我，最多挨一顿骂，我若不全力地奔跑，可就没命了！"

在工作面前，你是像兔子一样全力以赴，还是像猎犬一样尽力而为？尽力而为，属于一种迫不得已而为之的行动，恰如猎犬追赶兔子，猎犬就很难挑战自我，说白了，就是"应付差事"，从一开始就缺少必胜的决心，并早早为自己的失败找到了借口。而被追赶的兔子恰恰就赢在了能够全力以赴，以积极的心态主动作为，突破原有极限，产生了意想不到的极好效果。

一个人尽力去做，每天只做到0.99，一年365天下来，则$0.99^{365}=0.0255$；而一个人全力去做，每天工作能做到1.01，一年365天下来，则1.01^{365}=37.783。37.783除以0.0255，等于1481.69。区区上下0.02的区别，一年却能产生一千多倍的差距，这就是尽力而为和全力以赴的差别。

尽力而为与全力以赴，代表着两种截然不同的态度，也造就了两种不同的人生。尽力而为的人，缺乏内在动力，缺少创新精神，一遇到困难，就会怨天尤人，甚至打退堂鼓。而全力以赴的人，则是满怀激情，以积极主动的态度做事，有必胜的信心，遇到困难不退缩，而是千方百计、想方设法解决问题，把事情做好。一个通往庸碌，一个通往成功，差之毫厘，谬以千里。

请你记住：

· 全力以赴是一种态度，一种即使困难重重，依然向着目标前进的态度。

· 全力以赴是一种决心，是一种绝不允许自己失败，愿意付出一切的决心。

第六章 合作——团队的力量是无穷的

一个企业就是一部庞大复杂的机器，每个员工都是企业这部机器不可或缺的零部件。一人力短，十人力长，只有紧密合作，才能取长补短。只有相互合作，才能保证整个团队正常运转，才能保证企业发展的脚步不停歇。

我们需要有“螺丝钉”精神

螺丝钉虽是机器上一个不起眼的部件，但只有各个部件正常，整部机器才能运转自如。虽不起眼，但作用不可忽视。企业就是一部机器，而我们每个员工都是其中的一个零件，虽微小，但不可或缺。所以，每个人都要认识到自己岗位的重要性，如果你在自己的岗位上犯了错，就可能导致整个工作的失败。

张涛是物流公司的一名员工，随着物流业的迅猛发展，业务量猛增，公司决定组建包裹夜班组。在组建筹备会上，公司几名业务骨干都不愿意出任夜班的组长。“要不，我来试试吧。”张涛主动承担下了这个责任。于是，领导把任务交给了他。为不负所托，张涛制订了作业流程，安抚夜班员工的情绪，每天最早来最晚走，以实际行动做大家的表率。渐渐地，夜班组的业务能力越来越强。

大宗物流组工作量越来越大，但收入不多，员工们的情绪越来越大，公司决定换个班组长。张涛又迎难而上，接下大宗物流组长一职。他改变现有的制度，实行多劳多得的分配机制，激发了大家的工作热情。

后来，公司在兰州成立了分理处，由于离家较远，没人愿意去，张涛又临危受命，投入巨大精力去做管理工作，通宵执勤、挑灯夜战对张涛来说是常事。很快，分理处走上了正轨，业务越来越好。张涛就是这样一个有“螺丝钉精神”的员工，不论在什么岗位上，他都兢兢业业，从无怨言。

一名好的员工，必须具备螺丝钉精神，螺丝钉精神最重要的就是奉献。奉献的核心是无私，它有助于企业的团结和发展。如果员工都愿意无私地为公司工作，自觉主动地在本职岗位上尽职尽责，公司就会不断向成功迈进。

一个人要想在自己的岗位上做出一番成绩，就必须要有像螺丝钉一样的钻研精神，要深刻认识到自己所处行业的发展趋势，通过不断的学习，努力提高工作技能，在提升自身能力的同时，也为企业带来更多的效益。

周才是一家废弃物运输公司的工人，凭借着对工作的一股钻劲，他无论做环卫清洁、食堂后勤，还是汽修工，都能做到精益求精，大家都亲切地称他为公司的全能“螺丝钉”。

周才在食堂做后勤时，主要的任务就是采购食材，他总是挑选那些最新鲜、最健康的食材，为此，他不惜走很远的路，到另一个菜市场购买。他总是习惯和商贩们“斤斤计较”，商贩开玩笑地说：“钱是公家的，你何必这么节省呢？”而他总是笑着说：“公司就是家嘛，能省一分是一分。”有商贩以回扣为诱惑推销自己的菜，得到的是他的拒绝。因为周才认为，公司把他放在这个岗位上，就是对他的信任，他不能辜负公司对他的信任。

由于周才有一定的汽车维修知识，加上他不断学习，凭着一股痴劲和钻劲，最终，他被调入汽车修理组。在汽修组，周才依然坚持勤学苦干，最终成为公司的技术骨干。在汽修岗位上，周才任劳任怨，凡是苦的事、累的事、脏的事，他都抢着做，从无怨言。

一年夏天，有辆车下午六点坏在路上，接到报告，周才顾不上吃饭，马上带着工具投入抢修，在臭气熏天的垃圾车上一干就是近5个小时。为了保证垃圾收运工作的顺利运行，像这样加急赶点抢修的事情时有发生，但周才从无怨言，总是在第一时间战斗在第一线。

周才就是一颗“螺丝钉”，不论在什么样的岗位上，他总是勤勤恳恳，从无怨言，为保证全公司的顺利运行发挥着自己的作用。

对公司这个大家庭来说，每个员工都是不可缺少的一部分，只有人人都恪尽职守，人人都努力做好自己的本职工作，公司的产品才会畅销，企业才能做大、做强。这就需要企业的每一位员工都时刻牢记螺丝钉精神，甘当平凡的螺丝钉，热爱自己的本职工作，为企业的发展添砖加瓦。

要做优质的螺丝钉，不光要有超强的责任心，还要不断地提升自己，更好地适应岗位需要，将工作做得更完美。而且，每个岗位上都有很多年轻有活力的螺丝钉，要为自己定一个目标，尽可能成为高品质的无可替代的螺丝钉。

在螺丝钉的世界里，无关岗位的高低、职业的贵贱，最重要的是一种态度、一种精神。其实，不论是社会、家庭还是企业，都是由一颗普普通通的螺丝钉组成的，只有每一颗螺丝钉都发挥着应有的作用，才能保证家庭的和睦、社会的和谐、企业的强大。

请你记住：

·你的岗位就是公司的一颗“螺丝钉”，虽不显眼，但不可或缺。

·要做一名优秀的“螺丝钉”，不光要勤勤恳恳，乐于奉献，更应该不断学习，提升自己，做一颗不可替代的“螺丝钉”。

合作是完成岗位工作的关键

大雁在飞行时，有时排成“人”字，科学家通过实验证明，雁群以“人”字形飞行时，在同一时间内，比孤雁单独飞行多飞72%的距离。原因是当雁群排成“人”字形飞行时，头雁在前面开路，它翅膀的扇动能引起空气流动，从而帮助两边的大雁减少飞行阻力，每一只大雁扇动的气流都对其他大雁有所帮助，从而使雁群能顺利到达目的地。雁群的飞行向我们揭示了一个深刻的道理：成功在于合作。

职场中的很多工作都不是靠一个人就能完成的，而是需要几个人甚至整个公司的配合才能成功。善于合作的人，在职场竞争中往往能占据优势地位，立于不败之地。但是要记住，在合作中要清醒地认识到自己的不足，发现别人的长处，当然也不能妄自菲薄，要展示自己的优势和特长，这样的合作才是共赢的。

余可已经在公司工作6年了，他不仅拥有高学历，而且在工作上也做出了很多成绩。按照他的才能和业绩，其实早就应该晋升到更高的职位，可是，事实却并非如此，那些能力比他差的人都得到晋升，而他却一直停留在原位。

余可做事喜欢独来独往，所以他与同事的关系不是太融洽。当同事需要协助时，他不是拒绝就是敷衍，因为他认为自己的事情就得自己做，所以，他也很少向其他同事求助，宁可事事亲力亲为。

余可并没有意识到自己的问题，反而认为自己的能力和才华没有得到老板的重视。终于有一天，老板从大局出发，决定辞退他。他不解地问："老板，我很勤奋，经常加班到深夜，你为什么要辞退我，难道我不优秀吗？"

老板回答说："我很喜欢你，辞掉你我很舍不得，但是，你没有意识到你的问题，公司需要的是会合作的员工。以你的能力，你其实可以帮助我们团队更好地发展，但是，你不懂得合作，反而拖了团队的后腿。"

余可被辞退并不是因为他能力不够，也不是因为他不够努力，而是因为他从始至终不懂得合作，影响了团队的效率。现代企业是非常强调合作精神的，当一个员工不能很好地融入团队时，哪怕他能力再出众，依然会被公司抛弃。

工作中的合作是无处不在的，上下级之间、同级之间、部门之间都会有合作。当上级不援力、下级不得力、同级不借力、部门使反力时，试问这个团队还有凝聚力吗？

合作的重要性，在一个组织或部门中体现得更为突出。人们常说"人心齐，泰山移"，如果团队中的人能凝聚在一起，相互合作，那么，这个团队在做事时就会有事半功倍的效果。

有两个乞丐几天没有吃饭了，快要饿死了。正当他们绝望之时，来了一个善良的老者。老人看到他们的情况，心生怜悯，给其中一个人一桶鱼，给了另一个人渔网。拿到东西之后，两个人就分道扬镳了。得到一桶鱼的人迫不及待地吃起鱼来，没几天，鱼就被吃光了，不久，他便饿死了。得到渔网的人忍饥挨饿，艰难地向大海走去。当他来到蔚蓝色的大海时，已经用尽了最后一点儿力气，也离开了人间。

后来，又有两个乞丐在即将饿死时，也得到了老人同样的馈赠。他们并没有立即分手，而是坐下来商议了一番，两人决定相伴而行，在途中，他们每天吃一条鱼。经过艰苦跋涉，两人终于来到了海边。从此，两个人开始以捕鱼为生。

卡耐基曾说过，一个人的成功，15%取决于个人技能，85%取决于人际关系。在任何一个企业里，员工们都必须具有合作精神，这样才能达成既定的目标。“独行侠”式的员工，即使能力突出，由于不善于合作，也很难取得长期的成功。

想要获得成功，我们就必须学会与别人合作，单打独斗在现在的职场上是行不通的。职场中，没有人只靠自己就能够取得成功，所以，要想在职场上站稳脚跟，取得成就，甚至是出人头地，就要学会与人合作，这样你才有可能实现自己的理想。

一个人要想取得事业上的成功，很多时候都需要借助别人的力量。想要成功，你就要想方设法让身边的人帮助你，你必须具有一定的人格魅力，让自己成为一个受欢迎的人。

请你记住：

·人无完人，一个人的能力是有限的，所以，合作是一个人立足于职场的关键，只有懂得合作的人才能取得成功。

·只有在平时处理好与同事的关系，在工作中大家才能互相合作。

没有完美的个人，只有完美的团队

俗话说，单丝不成线，孤木不成林。没有完美的个人，只有完美的团队。每个人的力量都是有限的，但团队的力量是无穷的。

相传释迦牟尼曾问他的弟子："一滴水怎么样才能不干涸？"弟子们面面相觑，无法回答，释迦牟尼说："把它放入大海里去。"一滴水只有在大海里才能永不干涸，一个人只有与团队融合在一起，才能获得更多的力量。

在日新月异的当下，面对不断革新的技术，不断更新的知识，仅仅依靠个人力量，我们是很难获得成功的。只有大家结合在一起，才能取长补短，知识共享，最终实现共赢。

猎人为了猎到猎物，养了三个帮手，分别是马、老鹰和猎狗。马身强力壮，负重能力强，于是，猎人安排它负责运送猎物；老鹰会飞，且目光锐利，于是，猎人安排它负责侦查；猎狗速度快，身体灵活，且牙齿锋利，猎人安排它负责追击猎物。三只动物在各自的岗位上发挥着各自的优势，它们合作无间，从来没有失误过，猎人对他们的表现很满意。

日子就这样一天天过去了，有一次，猎人生病了，不能去打猎了，于是，猎人将它们叫到床边，说："这几天我不能和你们一起去打猎了，你们要好好配合，多打猎物。”

第一天，三只动物还是像以前一样，各司其职，相互配合，天黑前，它们带着丰富的猎物回了家。第二天，当猎狗气喘吁吁地抓住猎物后，发现马正在悠闲地吃草，猎狗心里很不服气，心想：“凭什么我这么辛苦，而它这么悠闲，我要和它换换。”老鹰也早已厌倦了枯燥的观察工作，也想参与到追击中，于是，它们三个调整了岗位，猎狗负责运输，老鹰和马负责追击猎物。可想而知，最后，它们空手而归。

正所谓“尺有所短，寸有所长”，每个人都有自己的缺点和优点，想要更好地发展事业，就必须学会与人合作。

我们所熟知的《西游记》中，唐僧师徒四人其实就是一个完美的团队。孙悟空能力强，什么妖魔古怪都能降服，但是他脾气急，遇事不冷静。猪八戒跳脱活跃，是整个团队的兴奋剂，因为他的存在，整个团队显得活力四射。沙僧勤劳淳朴，踏踏实实，不喊苦，不喊累。唐僧目标明确，意志坚定，不管遇到任何困难，他都能坚定目标，勇往直前。

这样的四人团队，每个人都有明显的缺点和突出的优点，但就是这样的四个人，却组成了强大的团队。因为他们彼此互补，结合在一起，优点被无限放大，缺点被淹没，最终形成完美组合。

没有完美的个人，只有完美的团队。一根筷子轻轻就能被折断，而十根筷子牢牢抱成团。个人的力量微不足道，可多个人组成一个团队，每个人都把自己的优势发挥出来，团队就能产生巨大的力量！

一家著名外企招聘职员，吸引了不少人前去应聘。经过几关测试，最终入围的有三个人，他们都是硕士研究生，头脑聪明、博学多才，是同龄人中的佼佼者。经理难以取舍，有可能的话，他想把三个人都留下来，但是，单纯的知识测试已经难不倒他们了，于是，经理想到了一个特别的方法。

经理把三个人叫到一起，告诉他们面试还有最后一项，然后发给他们每人10元钱，让它们到楼下的餐厅买回来两杯饮料，要求必须在30分钟内完成，且不能自掏腰包。

三个人从公司里出来，来到餐厅一打听才知道，一杯饮料需要6元钱，两杯就是12元。他们开动脑筋努力想办法，但是，时间太短，他们都没有想出很好的解决办法。当时间结束时，他们一个个垂头丧气地回到了公司。

回到公司，经理很失望，说："很遗憾，你们都没有完成任务，但你们都很努力，尤其是甲，他为了凑够钱，在餐馆打起了临时工，再有10分钟就完成了。但测试你们都没有通过，因为你们忽略了工作中最重要的一点——合作，餐厅的饮料正在做活动，满5杯送一杯，而你们的钱凑在一起，正好可以买5杯，这样，你们就都完成了任务。"

团队获得成功的原因在于，团队能够更好地整合每个人的资源。如果一个团队里的每个人每天都能把工作做好，取得进步和成绩，那么，每个人的成绩累积在一起，就是了不起的成就。没有完美的个人，只有完美的团队，只要团队里的每个成员都能坦诚相待，彼此互补，彼此协作，那么，这个团队就会产生巨大的力量。

一个完美的团队要有一个公平公正的环境，要有和谐的人际关系，要能够充分发挥每个成员的积极性，发掘出每个人的潜能，达到1+1＞2的效果。即使个人能力有限，但完美的团队能够弥补个人之不足，完成个人所不能完成的事情，获得意想不到的效果。

请你记住：

·团队的优势在于能够弥补个人的短板，发挥出每个人的长处，共同实现目标。

·团队并不是简单地将人集中在一起，完美的团队应该有和谐公正的环境，能够激发成员的积极性和潜力，达到1+1＞2的效果。

团队的力量是无穷的

一个人的力量是渺小的，但如果我们将自己融入集体中，那么，产生的力量就是无穷的。一根筷子很容易折断，十双筷子则能牢牢抱成团，发挥出巨大的威力。

现实生活中，只有团结，才能让我们的事业兴旺，只有团结，才能助推企业发展。团结是最根本的生存方式，与同事搞好团结，工作就会很愉快；与家人搞好团结，生活就会很美好；与朋友搞好团结，人生道路就会很顺畅。

团结身边的人，打造一个团结协作的团队，最终才能“一统江山”。我们经常说：“一个篱笆三个桩，一个好汉三个帮”，一个人再怎么了得，力量终归是有限的。只有和别人团结起来，才能真正发挥巨大的力量。

三只老鼠结伴去偷油，可是油缸非常深，它们只能闻到油的香味，却喝不到油。

突然，一只老鼠想出一个很棒的办法，它提出，三只老鼠一只咬着另一只的尾巴，吊下缸底去喝油。大家经过讨论，取得了共识，并决定轮流喝油。于是，第一只老鼠最先下去喝油，它在缸底想：“油只有这么一点点，大家轮流喝，多不过瘾啊，今天算俺运气好，第一个下来喝油，不如自己先喝个痛快。”中间的第二只老鼠也在想：“下面的油没多少，万一让第一只老鼠把油喝光了，俺岂不是要喝西北风吗？我干吗这么辛苦地吊在中间，让那小子独自享受呢？我看还是把它松开，干脆自己跳下去喝个痛快！”最上面的老鼠也在想：“油那么少，等他们两个吃饱喝足了，哪还有我的份儿呀，不行，必须立即做出决断。”于是，最上面的老鼠就松开了中间这只老鼠的尾巴。

三只老鼠都掉到了油缸里，由于脚滑缸深，它们再也没有跳出来。

在企业中，有人就像三只老鼠一样自私自利，不顾大局，却不想报复别人的同时，也伤害了自己。所以，不能融入团队的人，很难获得成功。

团队的力量是无穷的。个人与团队就是鱼和水的关系，离开团队，想取得成功会变得很艰难，而将自己融入团队中，成功将是水到渠成。

比尔·盖茨说：“在社会上做事情，如果只是单枪匹马地战斗，不靠集体或团队的力量，是不可能获得真正的成功的。”团队的力量大于个人力量之和，有很多事情必须靠团队里每一个成员相互协作、共同努力才能完成。

张岚从美国学成归国，被上海的一家高科技公司高薪聘用。公司看中他拥有前沿的行业理论，希望他能够帮助公司完成一个新项目的开发，为此，公司把经验丰富、学历高的员工都安排在他的团队里。

这个项目对公司至关重要，一旦研发成功，公司能在行业内取得领先地位。以张岚的经历和学识来看，他应该能在半年的时间内取得突破性进展。

但是，半年过去了，新项目依然毫无进展，董事长大为不解，调查后才知道，原来张岚认为自己学历高、专业强，根本看不上公司里的其他员工。他总是一个人埋头研究，对于别人的帮助不屑一顾，认为别人是帮“倒忙”。于是，他一个人忙得团团转，而其他人却整天无所事事，最多就是做些辅助性工作。

正是由于他的这种思维方式，让那些实践经验丰富的工程技术人员难以发挥作用，而张岚固然具有学识优势，但在实践经验方面，他却知之甚少。本来他们的合作会相互弥补缺陷，但张岚却拒绝了别人的帮助，最终导致自己及整个团队的失败。

古人云：人心齐，泰山移。团结就是力量，一个团结的队伍能战胜一切。如果我们在工作中孤立独行，也许我们会取得成功，但取得成功的过程却是异常艰苦的，要花费很长时间，甚至走很多弯路，有的人也许会放弃最初的目标，与成功失之交臂。

而团队就像一个营养池，每个人都能从团队其他人身上学到知识和技能；团队就像一个支柱，当一个人的能力用尽时，团队会毫不犹豫地伸出援手。个人是随着团队一起成长的，只有团队强大了，个人才能强大；反之，一个人能力再强，在团队面前都是渺小的。

请你记住：

·团队的力量是无穷的，而它的力量来自于成员的奉献和智慧，来自于成员的潜力激发。

·身处团队中的你想要获得团队的力量，必须学会配合和协作，学会将自己融入团队中。

合作的前提——包容和共享

只有拥有一颗包容的心，我们才能真正地放下“自我”，从内心里去尊重他人。而一个能够尊重他人的人一定会有所收获，在职场中也会如鱼得水。

俗话说：“金无足赤，人无完人。”每个人的身上或多或少都存在着各样的问题，若我们一味地盯着别人的问题不放，甚至斤斤计较，不仅自己会常生恼怒，也会令对方心生不快，从而影响了相互之间的关系。若我们能够欣赏别人的优点，不仅会让对方愉悦，而且，我们自己也能从对方的身上学到很多东西，促进自身的成长。

一把锁和一把钥匙合作了很多年，随着时间的推移，经受风吹日晒的锁变得锈迹斑斑，而钥匙却依然光鲜。

一日，钥匙对锁抱怨道：“你这么旧，每次打开你都把我弄得很脏。”锁说：“我每天辛辛苦苦为主人看守家门，风吹日晒，而主人喜欢的却是你，总是每天把你带在身边。”钥匙接着说：“你每天待在家里，多安逸啊！我每天跟着主人东奔西走，多辛苦！”钥匙也想过安逸的生活，于是，它自己偷偷藏了起来。主人找不着钥匙，气急之下，把锁给砸了，还把锁扔进了垃圾堆里。

主人进屋后，找到了那把钥匙，气愤地说：“锁也砸了，现在留着你还有什么用呢？”说完，他把钥匙也扔进了垃圾堆里。

在垃圾堆里相遇的锁和钥匙不由得感叹起来：“今天我们落得如此可悲的下场，都是因为我们只看到自己的辛苦，而看不到对方的努力，不懂得包容和配合啊！”

成功源于包容，因为你不可能十全十美，因此，你也不能要求别人是完美无瑕的。很多人的痛苦源于对人对己对环境的苛求，其实，欣赏学习别人的长处，包容体谅别人的不足，才是你唯一可以做到的事情。先贤圣哲早就说过，见贤思齐，见不贤而内自省也，诚哉斯言！

包容是合作的基础，是合作中最好的润滑剂，它能消除分歧，使团队成员能够互敬互重、彼此包容、和谐相处。团队成员间的相互包容，是指容纳各自的差异性和独特性，但并不是指无限制地纵容。一个成功的团队，只会允许宽容存在，不会让纵容有机可乘。

当团队成员间形成了包容的氛围，那么，在和谐的环境中，大家互相分享知识和经验，互相分享自己的独特资源优势，把各自的优势发挥到极致，这样的团队将无往而不胜。

从前，有个村子一直延续着一个习俗，那就是在丰收的年景要举行一个仪式，以感谢上天的馈赠，并祈祷下年的丰收。有一年的收成特别好，村里决定搞个盛大的仪式，在以往的祭天、舞蹈等项目之外，增加一个新内容，就是在场地中央放置一个大缸，要求每家都贡献一壶自家酿造的酒。在仪式结束时，每人分一杯酒，共同庆祝丰收。

仪式开始前，每家都派了代表，大家郑重其事地将自家的酒倒入了大缸，很快，大缸酒装满了。接下来就开始了正式的庆祝，先是祭天地，然后，人们围着大缸载歌载舞。到了最后环节，每人盛了一碗酒，然后大家一饮而尽。当酒刚入口，人们的表情瞬间凝固，原来，大家喝到嘴里的是水。原来，大家都抱着同一个想法："那么多人献酒，只有我一个人带的是水，大家是尝不出来的。"于是，一缸酒变成了一缸水。

一个成功的团队首先要学会分享，一人是水，十人是河，分享会使团队的力量汇集，最终成为一望无际的海洋。分享才能共赢，团队的成员能从分享中博采众长，能从分享中提升整体实力，最终成就完美团队。

合作是成功的捷径，但是，合作并不是将人简单地组合在一起，合作要想达到1+1＞2的效果，必须建立在包容和共享的前提下。包容能够让团队成员的关系更融洽，而共享则会提高团队成员的能力，增长团队成员的见识，从而增强团队的凝聚力，提升团队的战斗力。

请你记住：

·包容是让你发现别人的长处，体谅别人的缺点和错误，但包容不是从容，一定要把握好分寸。

·共享能让你学习到别人的经验和方法，从而提高自己的能力，所以不要吝啬。

第七章　奉献——付出总会有回报

付出总有回报，作为一名员工，要懂得奉献，甘于奉献会让你脱颖而出。斤斤计较的人会被领导所厌，会被公司抛弃，会让前进的脚步深陷泥潭。

在自己的岗位上要甘心奉献

奉献精神是一种伟大的精神，它能够让一个人忘掉自我，全身心地投入到工作中去。具有奉献精神的人，一定是人格高尚和追求进步的人，这样的人会获得周围人的尊重和喜爱。

春蚕到死丝方尽，蜡炬成灰泪始干。一个有奉献精神的人，可以把自己的一切都献给自己的工作。其实现实生活中，很多人不愿意奉献，他们在内心里总是盘算着如何获得更多的利益。但他们不明白的是，只有付出，才有收获，只有奉献，才会不凡。

工作需要我们付出汗水、辛劳和青春，只有付出了，那么，到收获的时候，我们才能尝到甜美的果实。

生活中很多甘于奉献的人，工作很普通，岗位也很平凡，但是，他们一直在自己的岗位上默默地奉献。正是因为有了很多这样的人，我们的生活才是如此美好。如果人人都不懂得奉献、不去奉献，那么，我们的生活终将走向灰暗。

栗华是一名普通的中学语文老师，她已经在这个岗位上工作了24年，这些年来，她以炽热的情怀对待自己的工作，以奉献的精神坚守着自己的岗位。

栗华老师总是早来晚走，提前备好课，精心批改学生的作业.

她还将一些好的文章打印出来发给孩子，带着他们一起朗诵，培养孩子良好的阅读习惯。课余时间，她还给那些语文成绩差的学生“开小灶”，努力帮他们提高成绩。

不光帮助学生，栗华还帮助那些年轻的老师们。当学校分来新老师时，栗华总是无私地将自己多年的宝贵经验传授给年轻教师，帮助他们提高业务水平。

甘于奉献的栗华老师将她的汗水挥洒在讲台上，看似她牺牲很多，其实她得到的更多，她得到了同事的尊重，得到了领导的喜爱，更重要的是，她还得到了许多学生的爱。每到过节过年，看到满屋的贺卡和信件，她的内心是骄傲和满足的。

在生活中，还有很多人都在自己的岗位上默默地付出，全心奉献着。有人反对奉献是因为他们错误地将奉献理解为牺牲自己、成全别人，其实，工作中无私地帮助别人就是一种奉献。只要你在工作中能够多为公司着想，在与同事的相处中能多为他们考虑，在自己工作完成的情况下多帮助其他人，或者为企业提出合理化建议，这些都是奉献。而那些奉行个人主义的人永远把自己的利益放在第一位，甚至不惜损害公司和他人的利益，这样的人最终只会被公司淘汰。

王军和张力同一年大学毕业，同时应聘到一家公司的业务部做销售，但是，两人对待工作的态度却截然相反。王军办事勤快，上班积极，有什么活都是主动去干，所以，他每天都很忙碌。同事们需要帮忙，他也从不推辞。而张力就不同了，他上班经常迟到早退，在工作中也总是挑最简单省事的活干。有人让他帮忙，他更是有诸多借口，于是，没过多长时间，同事们都不喜欢与他共事了。

一次，经理分配了一个销售任务，要求两人组队共同完成。由于王军人缘好，大家都想和他组队，但大家对张力却是爱答不理。最后，王军实在看不下去了，主动和张力组成了一组。工作开始后，张力主动挑选了市区的销售点，而把那些偏远的销售点都给了王军，对此，王军并没说什么。最终，通过王军的辛苦努力，他们组的任务完成得最好。当张力在等待奖励的时候，等来的却是他的辞退信和王军的升职信。

原来，经理早就发现了张力的毛病，故意设置了这样的任务，想通过任务来看看张力的表现，果然，张力依然态度不改，最后公司只能把他开除。

所有的企业都喜欢肯付出、爱奉献的人，之所以这样，是因为奉献精神是一个团队的灵魂，所以，不懂奉献的张力被公司抛弃，而默默付出的王军却得到了公司的器重。

甘于奉献，是一种品质、一种责任与担当，更是一种爱，是对事业的全身心付出。对个人而言，我们要在这份爱的感召之下，热爱自己的工作，努力做好每一件事，认真善待每一个人，努力地用这份爱去感染身边的每一个人，编织出美丽的事业蓝图。

请你记住：

• 工作中有私心的人，只会想着自己，绝不会顾忌公司的利益，这样的员工是所有领导都讨厌的。

• 奉献精神是一种职业品德，懂得奉献的员工会在平凡的岗位上做出不平凡的事业。

职责之外，多做一点点

现实生活中，那些在职场中取得成功的人都有着一个显著的特点，就是工作中永远比别人做得多。当别人在休息的时候，成功者却在寻找如何改进自我的方法，他们用多做的一点点来积累经验、提升能力。

成功者永远是比别人多做、比别人更努力的人。成功者总是积极主动、自愿自发地工作，他们总是主动作为，而不是被动接受。那些只把上司交代的事情做好的员工，就好像站在危险的薄冰上，随时有掉下去的可能。而那些积极主动，不但做好本职工作，还把其他事做好的员工，最终会通往成功的彼岸。

阿鑫大学毕业以后，一个人跑到了上海，他满心希望找到一份好工作，能够做出成绩。可万万没想到的是，刚下火车，还没出火车站，他身上的包就被偷了，所有的证件和钱都没了。阿鑫一下子陷入了绝境，因为没有了证件，很多工作都做不了，加上没有了钱，生存问题迫在眉睫。无奈之下，他只好到一家公司做起了保洁员。

阿鑫并没有抱怨什么，而是认认真真地工作。干了没多久，阿鑫就发现他所在的公司存在一个问题，就是员工们都没有随手关电器的习惯，即使下班后，很多电器依然亮着，阿鑫觉得很浪费。于是，每天晚上打扫完卫生后，阿鑫一定会把所有办公室检查一遍，发现有亮的灯、没关的打印机、没关的显示器，他都会默默地关上。虽然这不是他的工作职责，但是，阿鑫仍然一直坚持着这样去做。

一天，阿鑫像往常一样，打扫完卫生后，例行检查每个办公室，把没关的电器关上。当他正在做这些的时候，有个人把一切都看在了眼里，这个人就是公司总经理。他下班后，发现自己的文件落在了办公室，所以又回来拿文件，结果发现了阿鑫正在关上办公室里亮着的灯。第二天一上班，总经理就把阿鑫叫到办公室，问他为什么这样做，当阿鑫说了自己内心的想法后，经理很满意，当得知阿鑫是大学生后，他当即决定将阿鑫调到总经理办公室，让他负责行政工作。

阿鑫明白本职工作只是他的任务，并不是他的牢笼，没有人规定清洁工就不能关心公司的发展，正是他多做的这点，才让他成功得到总经理的青睐。

在工作中不要死板地守着公司的规则，不敢越雷池一步，关键时刻要主动出击，寻找和发现自己能做的额外工作。事实上，每一位老板的心中对员工都有一种最强烈的愿望，那就是：不要只做我分配给你的事，为公司的利益，去做你该做的事。

每个员工在公司里都有自己专属的岗位，有的人认为自己只要完成岗位工作就可以了，对于职责外的事一概不理。假如你一直把自己圈在职责范围内，不愿多尝试、多承担，那么，你的未来也将被禁锢。那些在职场中升迁快的员工，往往都是积极为公司考虑，主动承担岗位职责以外的工作的人。一个只愿做职责以内工作的人，公司给予你的也只能是相应的薪酬，而愿意多做事、多担责的人，公司给予的将是无限的发展可能。

一个愿意承担更多责任、愿意帮助公司分忧的员工，一定会得到公司的重用。试想一下，一个员工不光把本职工作做得好，还主动去帮助同事，做自己职责以外的工作，积极主动，任劳任怨，这样的员工哪个领导会不喜欢呢？

岳峰刚入职场，没有什么经验，但是，他为人诚恳，什么事都抢着做。每天下班后，他都主动留下来，做一些力所能及的工作。公司的老板每天也加班到很晚，岳峰除了干自己的工作外，还主动帮助老板。有人说他傻，他却说："我刚上班，很多东西都不懂，只能利用下班时间多学习。"就这样，岳峰从一个新人逐渐成长为一个对业务越来越精通的精英，而这一切老板也都看在眼里，没多久，岳峰就获得了晋升。

我们在工作中要多做一点，对于职责之外的工作要多学多做。尽职尽责在竞争激烈的职场是远远不够的，我们必须做得更多一些，只有这样，我们才能提高自己的工作能力，获得更多的机会。

领导可能不一定喜欢唯命是从、没有想法的员工，但领导绝对不会喜欢推三阻四、事事计较的员工。那些在工作中总是以"这不是我的工作范畴"为由拒绝多干活的员工，绝对不会得到领导的赏识。

李伟是一家快销品公司的运营专员，有一天刚刚下班，他正准备回家，突然接到通知，公司有紧急业务，需要安排一部分员工留下加班。当经理安排李伟去加班时，李伟很不高兴地说："现在已经是下班时间，而且，这个工作也不属于我的工作范畴，我帮不上忙。"

听了他的话，经理很恼火，但当时经理并没有说什么，又安排了其他人去加班，李伟很得意。没过多久，老板就因为一件小事将李伟辞退了。

李伟被辞退的原因显而易见，他对领导安排的额外工作抱着拒绝的态度，在领导看来，这就是太过于斤斤计较。生活中，我们很多人都有这样的心理，认为自己拿多少钱干多少事，对于临时性的工作总是百般推脱，其实，这样的行为在职场是非常危险的。

如果你是管理者，每天多做一点，会让你的公司变得更好；如果你是一名员工，每天多做一点，会让你脱颖而出。干得多，会让老板看到你的努力和付出，干得多，会让同事们更信赖你，这样的你才能获得更多发展的机会。

职场中，那些愿意承担更多责任的员工，并不是抱着加薪升职的目的去多做事，他们仅仅是出于一种责任感和使命感。所以，遇到职责以外的工作，不要抱怨，不要消极怠工，多做分外工作会让你快速成长，会让你离成功越来越近。

积极主动是一种极其宝贵的职场素质，它会让你变得行动更迅速，工作更扎实，会促使你快速地成长。那些斤斤计较的人看似只是推掉了额外的工作，其实，他们推掉的是自己的美好未来。

请你记住：

• 只做本职工作，得到的只是薪水；多做一点的员工，得到的是更多的发展机会。

· 多做一点点，锻炼的是自己的能力，提升的是自己的素质。

不过于计较个人得失

在工作中，当领导分配任务时，很多人总喜欢和同事进行比较，当感觉自己的工作量更大时，他们就会产生不满。其实，当太过于计较个人得失的时候，他们就丧失了工作的积极性，这对他们的职业发展极为不利。

无论是在生活中还是在工作中，遇事总爱斤斤计较的人，注定失去的会比得到的多。一个工作顺利、屡次加薪的人，不是因为运气好，而是因为他不会斤斤计较。

过分计较的人会给人留下不好的印象，会让自己陷入孤立无援的境地，结果因小失大，不仅在人际关系上陷入僵局，生活和事业也会因此不顺。在生活和工作中，只有不计较得失，保持良好的心态，才能修炼好自己的性情，才能真正有所得。

小王这两天很郁闷，因为两天前，公司宣布了部门主管的人事任命，他没有当选。原本以为凭借自己的资历，主管必是自己的囊中之物，谁知却是这个结果，他决定找经理问个明白。

第二天，小王直奔经理办公室，当经理听到他的问题后，只对他讲了两件事。

第一件事是当小王刚到公司时，现在的经理还只是主管，而且他是刚刚上任。刚上任的主管想要打开工作局面，但下面的老员工们很不配合，于是，他把眼光放到了新进公司的小王身上。当他向小王提出希望配合自己的工作时，小王犹豫了，小王问："需要额外加班吗？我刚交了女朋友，要是经常加班，说不定我俩就吹了！"听了小王的话，主管很失望。

第二件事发生在主管升任经理后。新上任的经理想要给小王机会，因为他认为小王除了太计较个人得失外，业务能力还是很强的。于是，经理交给了小王一个额外的任务，当小王听到给自己增加了工作量后，显得极不乐意，直接拒绝了。

小王就是因为太计较个人得失，最终失去了本该属于自己的升迁机会。在工作上太过计较得失的人，只会关注自己眼前的一些蝇头小利，不会用长远的眼光去看待问题，老板自然不会对这样的人委以重任。

在工作中少计较一些，我们会发现，虽然可能失去了眼前的利益，但是，我们可以得到的更多——快乐的心情、融洽的人际关系、事业的成功、更多的财富……

小高毕业后就进入现在这家电器公司，干着后勤管理的工作。小高平时工作任劳任怨，对工作充满热情，加班也从不抱怨，有人说他傻，而他总是笑着说"吃亏是福"。

一次，公司组织了一个大型的展会，小高负责会场布置。经过几天的忙碌，他们终于在展会的前一天完成了会场布置。下班前，小高去进行例行检查时，发现其中一种商品的位置摆放错误，这个失误很可能会影响商品的展会效果，于是，小高联系工人，但工人却说："现在已经下班了，我不能浪费自己的休息时间，再说位置不重要，放在哪儿都一样。"无奈之下，小高自己加班到12点才重新布置好。

还有一次，总公司的总经理来视察，恰好有外商也要来参观。主管问小高和小何："你们俩看看，谁陪总经理，谁接待外商？"小高还没来得及表态，小何就抢先说："我英语不好，还是我来陪总经理吧。"主管暧昧地笑了笑。后来小高才知道，小何毕业于外国语学院。

谁都清楚，和总经理混个脸熟，肯定是有好处的。但小高觉得没什么，于是，他就去机场接待外商，用蹩脚的英语陪老外逛了两天。

三个月后，那个外商又来了，指名道姓要小高陪，还帮小高介绍了一个大单。之后，外商又陆陆续续地给小高介绍了很多客户。最终，从事后勤工作的小高凭借好业绩，在年底考核时，顺利升为组长。

工作中，更多的人恰恰和小高相反，他们凡事都从自身利益出发，对自己有利的，就想方设法去追去求；而对自己不利的，则会百般推脱。这样做的结果，对自己是非常不利的，他们最终会失去许多机会。

不要计较眼前得失，要把注意力全部集中到工作上，只有不断付出努力，才能在工作上取得成就。当然，不计得失也并不是让你一味逆来顺受、委曲求全，在大是大非面前，我们还是要坚持原则。

请你记住：

·不要计较个人得失，太计较反而会失去更多，放开心胸才能获得更多；不计较得失，专注于工作本身，才能得到想要的理想结果。

·不计较个人得失，并不是一味委曲求全，在大是大非面前，一定要坚持原则。

你的付出总会有回报

一位平凡的老师，数十年如一日，在讲台上挥洒自己的青春与汗水，默默地奉献自己的一生，换来了桃李满天下，换来世人对她的称赞；一位普通的交通警察，无论在严寒还是酷暑，都坚守在自己的岗位上，为路人排忧解难，惩罚那些违规的驾驶者，换来了人们的安全出行。

生活中有些人总是认为上天不公，感觉自己付出了很多，得到的回报却很少，付出和回报不成正比，所以他们心里不平衡。其实，有的付出获得的回报并不是金钱，有可能是一些看不见、摸不着的东西，比如荣誉、赞美和成就感，有时这样的回报更珍贵。请你相信：付出一定会有回报，但不付出就没有回报。

人生不如意十之八九，不要常常抱怨上天的不公，不要抱怨前进的道路总是崎岖难行，因为你要懂得，没有付出就没有回报。俗话说："宝剑锋从磨砺出，梅花香自苦寒来。"只有经过奋斗，才能收获成功。耍小聪明、投机取巧也许会得到一时的胜利，但绝不会收获最终的成功。

董旭是一家钢厂的电气工，刚刚二十五岁的他，进厂也只有半年时间，但看他的工作状态，感觉他就像是一个经验丰富的老师傅。在这短短半年的时间里，董旭不但熟练掌握了自己岗位的操作技能，而且，有些脏活累活，他总是抢着干，因为他相信付出就会有回报。

董旭刚进入工厂之初，被安排到污水处理的岗位上，工作内容就是把沉淀下来的污泥处理掉。他每天的工作流程是用压泥板将污泥压下来，然后进入处理池将污泥铲出来，还要定期更换压泥机滤布、清洗化学除油器。这是一个又脏又累又苦的岗位，很多年轻人都干不长。看到刚到车间时的董旭，班长心里就打起了鼓，“这么干净、文静的一个小伙子，能忍受得了这么脏乱的环境吗？能吃得了这份苦吗？”

董旭的表现完全超出了大家的预料。虽然刚刚走出校门，但董旭从不抱怨，对工作充满热情。刚开始干的时候，董旭的手磨出了水泡，肩膀磨破了皮，但董旭从没想过退缩，依然咬牙坚持，很快，他就掌握了各项操作技能，他也得到了大家的认可。

事实证明，付出总是有回报的。他的工作能力和工作态度得到了所有人的肯定。在每个月进行的考评中，他每次都是第一名。他的班长为他感到骄傲，当别人问起，班长总是夸奖他说：“董旭这个年轻人真是不错！做事认真踏实、任劳任怨，我们老员工都要向他学习！”

如果你付出的更多，机会也就更多，你学到的东西也更多。从工作中获得的回报就是升职加薪、学到的知识技术，以及工作时大家对你的友好态度。如果你在工作中不愿付出，你就没有机会升职加薪，学不到知识技术，领导总是批评你，同事总是看不起你。

王东和李阳两人关系很好，两人在一家汽车修理厂已经工作了三年，他们每天就是帮助客户修车。王东总是闲不住，没有车修的时候，他一会儿扫地，一会儿擦玻璃，有时还帮助别人干活儿。李阳却不这么勤快，手头上没活的时候，他总是拿手机玩游戏。

一天，汽车修理厂里来了一位客人，说自己的车坏了，让他们给修修。李阳刚刚吃完饭，正在休息，哪里肯干活。于是，王东走了过去，开始检查汽车。车子没什么大问题，就是很长时间没保养过了，于是，他对那位先生说："您放心地交给我吧，车子明天一定能修好。"

客人听到这话，放心地走了。王东一刻不停地忙了起来，他不但保养好了车子，还把汽车从里到外擦得干干净净。这时，躺在一旁的李阳嘲笑他说："老兄，别太实在了，不该干的活儿就不要干，那么勤快有什么用！"

王东却笑了笑，说："反正我也没事做，擦擦车我并没有受损失呀，等明天顾客来取车时，看到车子焕然一新，心里一定很高兴。"

第二天，那个顾客来取车了，他看到修好的汽车后非常吃惊，连声感谢修车的王东，并对他说："我很欣赏你。我认为你是一个优秀的人，我有一家公司，希望能聘请你到我公司上班。"

王东的命运从此发生了改变，不久，经过努力，他当上了这家公司的部门经理，李阳仍然在车行里做着他觉得枯燥的工作。

经验告诉我们，只要付出肯定会有回报，只是有的回报在当下，而有的回报在未来。要把眼光放长远，眼光只盯着温饱，得到的永远只是温饱。所有成功的员工，头总是抬起，眼睛总是盯着远方。只有平庸者才低着头，紧盯着眼前的蝇头小利。

只要有付出，总会有回报，天上从来不会掉馅饼，没有努力奋斗，任何梦想都不会成为现实。工作中，我们经常羡慕别人的成功，却没有看到别人背后留下的汗水。或许你还在睡觉时，别人就已经开始“干活”了；或许你还在犹豫徘徊时，别人就已经下定决心了！

一分耕耘，一分收获，没有春天辛苦的播种，就不会有秋天收获的喜悦。在索取前必须懂得先付出，不要轻言放弃，也永远不要把目光只盯在眼前，学着把眼光放长远一点。今天付出一点点，也许就在未来的某一天，你会获得巨大的回报。

请你记住：

- 只有付出，才能有回报。付出多，回报就多；付出少，回报就少。
- 付出总有回报，但回报的不一定是金钱，有可能是荣誉和地位；回报不一定在当下，也可能在不远的将来。

第八章　节约——从细节做起

节约是中华民族的传统美德，节约就是降低成本，节约就是创造财富。每个员工都要立足自身岗位，厉行节约。节约无小事，节约一分一毫，都是对企业莫大的助力。

为公司节约成本

古语有云：不积跬步，无以至千里；不积小流，无以成江海。一个庞大企业每年上亿的利润都是由一件件产品的小利汇聚而来，也是由一分一毫的成本控制中来。企业只有不断地节约成本，才能不断地创造利润。

有的人想节约，却不知道从何下手；有的人认为自己能力有限，节约还是应该交给单位和政府。其实，节约很简单，只要有心，处处都可以节约。我们要从自己做起，从细节做起，虽然一滴水、一度电微不足道，但如果每个人都能做到节约的话，就能产生巨大的效益。

作为一个员工，我们要处处为企业着想，在自己力所能及的地方为公司节约成本，杜绝岗位浪费。如果你这样做了，企业一定会给你更多的回报。

黄元鱼从技校毕业后，应聘到了一家汽车制造厂做电焊工，他为人踏实，工作中爱动脑筋，领导和同事都很喜欢他。

他的工作就是对汽车的地盘进行焊接，由于整个车间都是流水线作业，一辆车停在他面前的时间只有5分钟，而他要在这段时间内进行6个部件的焊接，其中焊点共有21个。

工作一段时间后，黄元鱼感觉这样的焊接程序似乎有改进的空间，于是，他开始认真观察，下班后留在车间继续研究。经过反复试验，他发现只要改变原有的焊接位置，可以把焊接点由原来的21个变为15个，节省6个焊点，节约半根焊条，但焊接后的牢固度不会受到影响。当他将这个改进方案上报到公司后，公司一开始并不相信一个技校生能够做出这样重大的改革，但经过反复论证，终于证明黄元鱼的方案完全正确。

每辆车节省6个焊点，节约半根焊条，看似微不足道，但是一天下来，黄元鱼一个人就可以节约8根焊条，而一个车间一天可以节省900根焊条，一年下来，整个公司将节约近100万根焊条。黄元鱼因此获得了公司的奖励和表彰。

黄元鱼从自身做起，看似只节约了半根焊条，但在日积月累之下，能为企业创造可观的效益。员工要视企业如家，节约每一点原料、每一个零件、每一度电、每一滴水、每一张纸。节约要从点点滴滴做起，只有所有人共同努力，才能形成良好的节约氛围，才能让企业的成本大大降低。

时时刻刻讲节约，时时处处见节约，每位员工都要立足自身岗位，发挥主观能动性，为企业节约下每一分钱。每个员工的一分钱聚在一起，就会成为企业发展的源泉。

老梁是一个油田的注水站站长，平时的工作就是将水源或处理后的水储存、计量、升压，老梁有很强的成本意识，在工作中十分重视节约。“哪里深挖细抠，都能省出效益。”这是老梁常挂在嘴边的一句话，也是老梁对节约的深刻理解。

一次，在进行反洗工作时，老梁看到水将大量的锰砂冲了出来，造成了锰砂的极大浪费，每年公司要为此多补充一吨锰砂。于是，他开始细心留意每一次反洗过程，希望找到浪费的原因，最终，他发现是因为采用的反洗方法不对。

找到了原因，他就开始琢磨如何改变这个反洗方法。后来，他联想到沙漏的构造原理，提出了新的反洗方法。通过他提出的方法，可以有效地避免锰砂流失。就是他这个小发明，每年能够为公司节约滤料费30多万元。

操作规程上要求反洗工作是每三天进行一次，老梁在实际工作中发现这样频繁的反洗不但会使机器磨损更严重，还会增加水电费用成本，而他所在的站里所用的都是清水，水质比较好。基于这些考虑，他就思考着如何使反洗次数减少，因此，他花了一个多月的时间，在工作间里反复论证试验，最后确定了每半个月反洗一次即可。这样，每个月的反洗次数由10次减少到了2次，一年下来，又能给厂里节约10万元的成本。

老梁不把节约当作小事，他深知节约出效益。他在工作中尽力寻找节约的办法，也使自己的创新意识和动手能力得到了提高。企业离不开这样的员工，而这样的员工在为企业节约成本的同时，也是在为自己积攒成功的资本。

有人说，在一个大的企业里，我自己一个人的节约根本起不到什么作用，这样的想法是错误的。古语说得好：“涓涓细流，汇成海洋。”同样的道理，成千上万员工的节约，成千上万个微不足道的节省，最终会汇聚成推动企业发展的不可忽视的力量。

今天节约一点，明天再节约一些，加在一起就是一笔不小的数字。一个企业只有最大限度的节约成本，才能获得巨大的效益。

请你记住：

·每个员工都节约，就能节约出很多利润，这就是积少成多的道理。

·浪费同样会积少成多，每个员工都要明白，不浪费就等于节约。

节约等于创收

对于企业来说，节约就是创收，每节约下一分钱，收益就会多一分。企业想增加收益，就要从“节约”入手。在竞争激烈的现代市场，每个企业都感到生存的压力，对于企业来说，节约就是创造利润，对员工来说，节约就是敬业爱岗。

现在市场中，同类型的产品多种多样，各个企业间为了竞争，使出了很多手段。想要在激烈的竞争中生存下来，降低成本是不二法门，只有通过节约，将成本降下来，才能在价格透明的情况下保持竞争力。

著名的奥克斯集团之所以能够长久存在，并且越发展越好，就是因为他们深谙节约之道，并把节约的精神贯穿于生产销售的各个环节。他们有句口号叫：“一切为了成本服务。”他们为了节约成本，小到一张纸要双面打印，大到提倡员工进行技术革新，都做出相应的奖惩措施，别人称奥克斯集团为“靠节约而成功的企业”。

有家不大不小的企业，拥有员工150多人，前几年借助行业快速发展的东风，乘势而起，企业迅速壮大，业绩也显著提升。但是，这两年企业发展却遇到了瓶颈，业绩频频下滑，利润也是越来越少，眼看就要被市场淘汰，企业创始人肖旭急得团团转。

经人介绍，肖旭找了一个著名的企业管理咨询师咨询，希望能找到解决之道。咨询师入驻公司三个月，然后给了肖旭一个建议书，建议书的核心内容就是要节约成本。公司经过快速扩张，人员大量增加，人员功能存在重复，而且员工不具备节约意识，浪费的现象随处可见。

按照建议书的措施，肖旭在整个公司开展了厉行节约的活动。首先，对公司现有的部门和人员进行整合，将功能重复的部门和岗位进行合并，淘汰下来的员工分流到其他岗位，不合格的直接辞退，就此一项，一年可以为公司节约100余万元。其次，开展节约活动，要求员工在工作中注意节约。经过这样的改革，公司节约风气形成，最终让公司在同行业的竞争中脱颖而出。

从该公司的转变效果来看，节约就等于创收。节约将原本不大的利润空间进一步拓宽，帮助企业重新拥有竞争优势。节流在一定程度上就等于开源，减少一分钱的开支，就帮助企业守住了一分钱的利润。节约型的企业竞争力更强，比一般企业获得成功的概率更大。

有人说，会节约的公司是最有战斗力的公司，这话一点都不错。只有将节约意识贯穿于生产销售的每个环节，企业才能获得更多利润。作为员工，要节约工作中的任何资源，哪怕是一度电、一张纸，只有每个员工都节约，公司的成本才会降低，收益才会扩大。生意做得越大，公司规模越大，节约越重要。

美国航空公司是美国最赚钱的航空公司。美国航空公司之所以成功，是因为他们将降低成本做到了极致。

美国航空公司为了节约成本可谓是绞尽脑汁，包括更换更省油的现代化短程飞机，发展轴辐式的路线结构以减少间接成本，增大飞机的座位密度，通过劳动契约和双层工资结构减少劳务成本等等。

美国航空公司的飞机上除了喷绘代表美航标志的红、白、蓝条纹外，不涂任何油漆，这个办法减少了油漆费，降低了燃油成本。一架不上漆的飞机大约轻了约180公斤，因此，每架飞机每年可以为公司节省燃油费大约1.2万美元。

20世纪80年代，美国航空公司又把每架飞机的重量减轻了将近700公斤，而重量之所以能够减轻，是因为他们把飞机上的金属座椅改换成强化塑钢座椅，枕头和毛毯做得更小，在头等舱中使用轻型器皿，以及重新设计服务空厨。这项改变让美国航空公司的每架飞机每年至少节省2.2万美元。

美国航空公司曾经的执行官罗伯特·柯南道尔有一回乘坐自家公司的班机。飞机上提供的晚餐他未能吃完，于是，他把剩菜倒入一个塑料袋，交给机上负责餐饮的主管，并下令全公司“缩减晚餐的分量”。他还下令拿掉晚餐沙拉中的一粒黑橄榄，如此一来，又为美航每年省下7万美元。

美国航空公司已然将节约精神作为企业文化的一部分，这也正是其能够长盛不衰的关键。企业的目标就是要提高收入，降低费用。但要注意的是，节约的前提是保证工作的正常开展，不要盲目地为节约生产成本而忽视产品质量，要以保持质量为基础，控制成本，提高收入，推动企业发展。

请你记住：

·节约就等于降低成本，降低成本就等于增加利润，所以，节约就是创收。

·不可盲目节约，节约的前提是保证产品质量，保证工作的正常开展。

从自己做起，杜绝岗位浪费

只有企业发展了，员工才能进步，同样的，只有企业的利益得到保证，员工的个人利益才会实现。节约降低了企业的成本，增加了企业利润，节约是员工和公司双赢的事。

俗话说："千里之堤，毁于蚁穴。"节约看似一件小事，但是如果被我们忽略，就会把小问题变成大问题，小浪费最终会演变成毁掉公司的大漏洞。提高自己的节约意识，为企业节省每一分钱，是很多大企业对员工的要求。比如，日本丰田公司严禁员工浪费纸张和笔；松下集团要求内部使用的信封要用三次；沃尔玛规定办公用纸必须打印正反两面。

作为公司的普通一员，我们要从自己做起，不浪费一度电、一滴水，培养节约意识。当所有员工都养成了节约的习惯，那么，企业才能避免不必要的浪费，才能降低企业运营成本，才能增加企业利润，最终使企业的发展迈上一个新台阶。

梅立是一家公司的办公室文员，从小，她就养成了节约的好习惯，她自然也把这个习惯带到了工作中，有的员工还嘲笑她小气，但她依然坚持，因为她认为节约能帮公司节省很多成本，虽然不起眼，但是很有意义。

一次，公司里要办展会，经理把这个任务交给了梅立。经过两天的努力，其他的事情都安排好了，就差准备宣传资料了。于是，梅立向经理请示，经理让她直接去印，在梅立的印象中，公司上次办展会还剩下不少资料，于是，她向经理建议直接用上次剩下的资料。经理有些犹豫，让她仔细核对一下剩下的宣传册内容有没有错误。梅立审完后，发现只有一个电话号码错了，所以，经理决定还是需要重新印刷资料。

从经理办公室出来后的梅立还在思考这件事："真的没有其他办法吗？只是错个号码，重印太浪费了。"就在此时，她看到了座位上的一个文件，上面也有错误，她用改正带改过。于是，她再次来到经理办公室，提出了这个方法，经理问："会不会不好看，影响客户阅读？"梅立说："你放心，我慢慢地改，保证好看。"

梅立用了一晚上的时间，把100份宣传材料上的号码都改正过来。当经理看到改正后的材料后，直夸梅立聪明。

其实，从共同利益出发，节约是公司和员工的共同选择，每一位员工都应该以节约为荣，杜绝浪费，并将节约变成一种自觉行为。

员工和企业是不可分割、息息相关的整体，有着共同的发展目标，有着共同的利益诉求。所以，每一位员工都要树立成本意识，不把节约当成小事。

节约是一种意识，不在乎你节约了多少钱，而在于你为企业着想。企业是员工的家，为每个人提供了发展的平台，如果我们能够通过自己的岗位为企业节省下成本，让企业的利润增加，那么，我们一定会被企业所看重，甚至进入职场发展的快车道。

立足自身岗位，厉行节约，对于一个员工的长远发展是非常有利的。它不仅能培养员工的节约意识，而且最重要的是，一个有成本意识的员工会想方设法节约，进而激发创新意识。

请你记住：

·立足自身岗位的实际，把节约做到极致，不在乎节约多少，公司看中的是细节中体现出来的节约意识。

·节约意识会让你的站位更高，大局观更强，这些会成为你职业生涯发展的助力。

细节之处体现节约

在竞争激烈的今天，企业的每一点利润都来之不易，节约意识的淡薄，不仅会加重企业的成本负担，而且，从长远来看，也会阻碍企业的发展。作为员工，我们有责任、有义务参与到节约行动中来，为企业的发展贡献自己的力量。细节之处见节约，从小事做起，从细节做起，从力所能及的身边事做起，立足自身岗位节水、节电、节材。

在生活中，我们常常能看到这样的情况：外边阳光普照，办公室里却开着灯；屋子里空无一人，空调仍然开着；从公司领用的笔记本，还没写几页就弃之不用……我们常说“聚沙成塔，积少成多”，假如每个员工都能从身边的小事做起，杜绝浪费，厉行节约，节省下每度电、每滴水、每张纸，那么，公司的利润就能更多一些。

老谭从年轻时开始创业，几经沉浮，到现在总算安定下来，拥有一个不大不小的机械加工厂，主要从事机器零部件的代加工。企业效益刚开始不错，但是，渐渐地效益越来越差，从公司财务报表上分析，每年的利润是差不多的，但是，成本确实年年增加。老谭深感疑惑，这几年原料市场价格很稳定，成本并没有增加多少，老谭百思不得其解。

一次，老谭去车间里，他看到地上堆满了零部件的残次品，因为每部机器都有一定的残存率，所以，一天积攒下来，这些零部件的数量相当可观。车间工人对此熟视无睹，最后的处理方法是当废品丢掉。发现问题后，老谭多次提醒员工，但是效果不大。

一天，老谭又走入车间，他一言不发，然后将一箱硬币抛到空中，转身离开。工人们四目相对，感到莫名其妙，但还是一枚枚地将硬币捡起来。第二天，老谭把工人们组织起来开了个会，老谭说：“当我把钱撒出去的时候，你们虽然疑惑，但依然捡了起来，因为你们知道，即使硬币面值再小，也是有价值的。但是，大家对车间里散落的螺母、螺栓却熟视无睹，你们有没有想过这些零部件也值钱？”

老谭意味深长的话让员工们明白了节俭的道理，于是，车间的地上再也不像以前那样堆满了零部件。那些残次品都被工人收集起来，重新利用，年底一算账，光在控制成本上，这一项就为公司节省了25万元，老谭把其中的15万元作为奖金发给了员工。

老谭用自己的行为让员工明白了节约的重要性，员工也从节约中收获了利益。

员工与企业休戚相关，作为企业的一员，我们应该把自己当作企业的主人，自觉树立起节约成本、降低损耗的意识。节约成本应该不管事物大小、价格高低，从小事做起，从细节做起。

比如：夏季空调的温度设定在26摄氏度以上；不管中午还是下午，下班时要随手关灯；电脑显示器设定15分钟或半小时后休眠，当离开时自动处于休眠状态；洗手时，水龙头不必开到最大，开到适合洗手的水流量就行；大力提倡双面打印（复印），以及废纸二次利用；接待来访客人尽量使用玻璃杯，减少一次性纸杯的使用等等。

节约不分大小，每位员工都要从小事做起，从细节做起，从点滴做起，因为细微之处见利润。节约最重要和最根本的一点，就是从细节和小事做起，把利润一点一滴地积累起来。

精打细算、节俭办公，是企业经营管理的重要组成部分。企业经营活动都是由许多小事组合而成的，成本也是由很多小事情聚积而来的。企业只有从小事着手减少成本，才能积少成多，才能实现企业利润的健康增长。

请你记住：

·作为企业的一员，我们应该把自己当作企业的主人，自觉树立起节约成本、降低损耗的意识。

·节约更多的时候是体现在小事情上，我们平时能做的就是节约下每一度电、每一张纸、每一分钱。

节约人人有责

节约工作，人人有责。对每个人工来说，厉行节约看似是一件微不足道的小事，但对企业来讲却是意义重大。只有我们每个人不断增强节约意识，努力寻找节约成本的方法，才能为企业节约成本，才能为企业创造更多的利润。

任何企业都是由各个部门组成，而各个部门又是由众多员工组成的，所以说，节约不是某一个人的事，而是全体员工共同的事情。只有每个人都能从企业利益出发，将节约落实在实际工作中，才能帮助企业降低成本，提高利润。

武童和祖荣两个人是大学同学，毕业后，两人都留在了学校所在的城市，分别进入两家国内知名的物流公司上班。两个人在工作中都很努力，工作做得比较出色。

一年后，有家物流公司招聘部门主管，渴望进步的武童和祖荣都看上了这个职位，由于两人的学历和经历很相似，而且两人都很聪明，所以，公司一时在他们两人之间难于取舍，最后决定同时试用两人。上班第一天，经理就明确告诉两人，公司最后只能留下一个人，留谁就看两人在三个月试用期内的表现了。

武童和祖荣都在心里暗暗下决心，必须比过对方，成功拿到这份工作。刚开始，两个人都任劳任怨，充分发挥自己的特长，把工作做得有声有色。最后一个月，祖荣因为一个小失误，导致工作出现了纰漏，武童看在眼里，乐在心里，认定主管已是自己的囊中之物。

试用期结束后，出乎意料的，公司决定留下祖荣。对此，武童非常不服气，决定找经理问个明白。经理说："你的能力是很出色的，但是，你对公司的态度，最终让我们放弃了你。"

武童一头雾水。原来，在试用期内，武童很不节俭，对于电、纸一类的从不在乎，经常浪费。一次，武童去参加聚会，由于玩得很晚，就没有回宿舍。第二天，祖荣碰到他时，提醒他回去把宿舍的灯关了，他却满不在乎地说："不就是一点电嘛，又不是自己家的，何必麻烦？"而此时经理恰巧经过，听到了他们的对话。

武童的失败就在于他没有将节约看成是自己的责任，而是错误地将公司的资源与自己分割开来。

在工作中，大多数人一听到控制成本、创造利润，就认为这是管理者的事，与自己无关，其实，这种观念是非常错误的。如果每个人心中都树立了节约成本的意识，那么，在工作中，我们就会以节约成本为目标，做到精益求精，使成本降到最低，利润做到最大。

刘玉华是一家外企的办公室职员。他学历不高，因此，他格外珍惜自己的工作。工作中，他积极主动，爱观察，爱动脑，到公司不久，他发现了公司几个"不好"的现象：所有人在打印资料时都只用纸张的一面，下班后，很多人的电脑都不关机，有的办公室的电灯和空调一直是开着的。他想："如果打印时使用双面打印的话，一定可以省下很多纸；如果下班后，大家把电脑、电灯和空调等关了的话，一定可以给公司省下不少电费。"这样想着，他就开始尝试这样做。他把自己用过一面的纸张积攒起来进行二次打印，使一张纸获得了两次使用。下班离开前，他总是关掉自己的电脑，他还会查看每间办公室，保证所有的电器都关后，他才会离开公司。

不久，同事们都知道了刘玉华的举动，同事们不理解，说："你这是在为谁省钱呢？为老板省下的钱能跑到你自己的腰包里吗？"甚至有的同事还在背后说风凉话："他这么做不过是哗众取宠，想让老板表扬他呗。"不管别人如何评价，刘玉华依然坚持着自己的做法。

不久，老板发现了刘玉华的做法，非常高兴，他没想到企业之中还有这样为企业着想的员工。他把刘玉华叫到了自己的办公室，不但对他的做法大加赞扬，还决定在整个公司推广。

现实生活中，很多员工下班时会忘记关闭个人办公区的电源，作为一个部门的同事，我们要像刘玉华一样帮助同事关闭电源，帮助同事就是在帮助公司，而帮助公司就是在帮助自己。

一个企业要想实现成本的降低和利益的增加，光靠某一个人是不行的，必须依靠全体员工的共同努力。只有在公司里形成一种人人节约的氛围，公司的效益才会更好。

企业由员工组成，利润由员工创造，企业的成功离不开全体员工的共同努力。作为一名员工，无论我们处在哪个岗位，我们都要树立主人翁意识，充分发挥自己的聪明才智。

请你记住：

·节约人人有责，每个员工都必须从自身出发，积极参与到拒绝浪费、厉行节约的行动中来。

·节约人人有责，不光要求员工做好自己，还要能站在公司的角度，帮助同事查缺补漏。

第九章　自律——脱颖而出的关键

职场有其独有的行事规则，每个人都要在这些规则下做事，一旦突破底线，将会被无情抛弃。身在职场，我们要坚守职业道德底线，做一个守规矩、懂自律的优质员工。

培养自制力，谨守底线

每个人都有自己坚持的做人底线，知道有些事可以做，有些事绝不能做。同样，我们在职场也应该有自己的底线，这些底线约束着我们，也指引者我们。如果做事出格，经常违背工作底线，那么，我们将无法在职场立足。

一个企业想要正常运营，必然会制定很多规章制度，这些制度就是职场的第一重底线。这些企业规则就是员工的工作原则，比如企业的考勤制度、薪酬制度等，这些制度既规范我们的行为，也为我们的工作指明了方向。假如你的能力很突出，但经常违反公司制度，那么，企业也不会容许你继续留在公司。一旦你突破了制度的底线，会让其他人纷纷效仿，从而让公司制度成为一纸空文。所以，请敬畏规则，谨守规则。

不要公然违抗你的上司，这是第二重底线。你的上司既然能走到现在的岗位，必然在业务能力、管理方式上有过人之处，你应该学会看到他的长处。有的员工恃才傲物，看不起自己的上司，认为他的能力不足，经常在公开场合顶撞他，甚至有的员工为了达到自己升迁或加薪的目的，采取威逼利诱的手段，不惜挑战领导的底线。这样是大错特错的，即使发现了领导的失误，也要采用适当的方式提出，而不是公开对抗。

不信谣、不传谣，这是职场的第三重底线。企业大了，什么样的员工都有，有些人喜欢传一些子虚乌有的消息，在背后诋毁同事。你要知道，办公室谣言是破坏公司团结的最大隐患，俗话说："堡垒都是从内部攻克的"，谣言会让一个企业失去凝聚力。作为公司的一员，我们要坚决抵制这些谣言，做到不信谣、不传谣，坚守本心，努力做好自己的工作。

小甲是个刚毕业的大学生，他对未来充满了期待。投递了很多简历后，他终于得到了一家公司的面试机会。凑巧的是，有个同班同学当天也来这家公司面试，等到小甲面试时，面试官问他："前面第二个面试的是你的同班同学吧，你能不能对他做个简要的评价？"小甲兴奋异常，心想："只有多说一点同学的缺点，我才有可能获得这个工作。"于是，小甲滔滔不绝地痛陈同学的不良历史。面试官面露失望之色，小甲最终面试失败。

小甲经过努力，终于进入一家大公司。小甲聪明，且善于观察，进入公司后不久，他就发现自己的主管在带领团队上存在很大的问题，于是，他语气激昂地给主管写了一封万言书，陈述目前管理之弊，结果，这封信石沉大海。小甲不服气，开始在公共场合质疑主管的决定，有时甚至直接反驳，搞得主管经常下不来台。

小甲在公司"郁郁不得志"了两年，虽然过得不开心，但他也积累了一些职场经验与人脉。后来，小甲有了一个跳槽的机会。新公司面试他的时候说："我们对你比较满意，只是你现在还没有正式离职。等你正式离开之后，我们再继续谈吧。"结果小甲赶紧说："如果需要，我可以趁着这个时候在公司多收集一些客户信息。"面试官听到小甲的"诚意"相投，背后冷汗阵阵，他似乎看到自己将为公司招来一个“内奸”，最终，小甲的跳槽计划也就失败了。

小甲的职场生涯可谓是一塌糊涂，正是因为他不断突破公司的底线，不光在背后说同学的坏话，公然顶撞自己的主管，还企图用自己公司的机密来换取去其他公司的机会，最终一事无成。

不因贪利而不顾公司利益，就是第四重底线。为了一己私利而损害公司的利益，是职场大忌。生活中，总是有很多人爱占公家的便宜，甚至认为公家的便宜不占白不占，于是，很多人用公司的电脑干自己的私活，用公司的电话打私人电话。事虽小，却能看出一个人的品德。

王东方是一家公司的销售骨干，在公司干了这些年，他积累了很多客户，正是这些优质客户让他的业绩一直名列前茅。

王东方工作干得很顺心，他原本希望在公司干到退休，但是，事与愿违，当新上任的领导表现出不喜欢他时，他产生了跳槽的想法。得知这个消息的其他公司纷纷向他抛来橄榄枝，但都被他暂时拒绝了。于是，有的公司开始想“歪点子”，希望高价购买王东方手中的客户资料，王东方都拒绝了。

在公司的处境越来越尴尬，王东方不得不选择了一家同行业公司，但是，在面试时，王东方明确表示自己不会将客户信息带过来，面试不欢而散。事后，新公司的老总仔细想了想，又很佩服王东方的职业素质。最终，王东方进入了这家公司，并受到重用。

无论何时何地，严守商业秘密，就是职场的第四重底线。一个严守机密的员工，是企业最信任的人，也更容易被公司授予更高的职位。如果一个员工抵不住诱惑，拿手中的秘密交换利益，那么，公司怎么放心把更重要的岗位和工作交给你呢？

底线是我们的价值观和人生态度，一个人只有坚持原则、谨守底线，才能受到大家的尊重和理解，才能成为大家信任的伙伴。

请你记住：

·身在职场，一定要记住有些事可以做，有些事不可做。

·只有谨守底线的人，才能获得别人的尊重和认可，才能获得老板的青睐。

克服本能，远离贪欲

每个人都有贪欲，若对自己的贪欲不加以克制，它便会如决堤的洪水，一发不可收拾，它会腐蚀人的灵魂，让人被物欲所控制，做人变得毫无底线。

小时候吃完一颗糖，总想着再吃一颗；长大后挣到了钱，就渴望得到更多的钱。这些都是欲望，一旦我们掌控不了它，任由它日益膨胀，终有一日，它会吞噬我们的心智，让我们做出损人不利己的事情。

一个人可以有贪念，但必须适可而止。若是贪念全无，我们可能不思进取，没有目标，没有理想，更不会有成功的人生；反之，若贪欲太过强大，我们可能就会迷失自我，最终走向不归路。

在一次水灾中，一个年轻人的房子被大水冲毁了。于是，他孑然一身，流落他乡。有一天，饥寒交迫的他到一个村子乞讨，终因体力不支而晕倒了。

村中的一位好心人把他救醒，收留了他几天之后，给了他渔网，并告诉他："我实在没能力长久帮助你，从这里一直往前走，不远处有一片湖泊，湖边有一座旧房子，带着渔网，你应该能够活下去的。"

年轻人连忙向他道谢，后来，他靠着打渔勉强维持生计。有一天，他在打渔的时候，忽然发现自己的渔网好像网住了什么重物，于是，他使尽力气将渔网拉了上来，竟然是一个金光闪闪的酒壶。他喜出望外，他变卖了这个酒壶，换了许多银子，他用这些银子盖了一座漂亮的大房子，还娶了一个漂亮的媳妇，又买了田产。

年轻人的日子越过越好，他的腰包里揣满了银子。但是，慢慢地，他觉得他必须拥有更多的财物，他需要更多的妻妾和佣人来侍奉。终于有一天，他想到了实现梦想的方法，他不相信这湖里只有一个金酒壶，应该还有更多的宝藏。于是，他雇了大批的工人，让他们下湖去为自己寻找宝藏，果然，他们又找到了一个金酒杯。看到金酒杯后，年轻人更是雄心万丈，他立誓要变成世上最富有的人。于是，他雇了更多的工人来替他寻宝。

就在这时，雨季来临了，大雨一直下个不停，湖水渐渐涨了起来，年轻人还是不愿意停止他的寻宝计划。工人们一个个离去了，湖水泛滥，淹没了他的家，他的妻子劝他逃走，但是，他依然不肯离开，最终，年轻人被淹死了。

我们很多人都像这个故事里的年轻人一样，通过自己的努力获得了一定的地位和金钱，但是，却任由心中的贪欲无限扩张，最终吞噬了自己的灵魂，走向深渊。一个贪欲过重的人，就像在心灵上套了一把锁，做事不再遵从本心，只要认为对自己有利的事情，就会不顾一切地去做，甚至丧失做人的基本底线。

身在职场，如果贪欲过盛，只会让自己陷入尴尬的境地，也会让身边的同事和领导对你产生怀疑，甚至厌恶。

南一高中毕业后，一直闲在家里，虽然找了很多工作，但是，因为他的学历不高，都没有被录取。很有上进心的南一满心忧虑，父母已经年纪大了，自己不能再给他们增添负担，于是，他降低了自己的择业标准。一旦放低了标准，还是有很多公司可选的，最终，南一选择了去一家超市做理货员，虽然工作很累，但是，南一很努力，他经常受到领导的表扬。

干了一段时间后，领导发现南一人很聪明，而且伶牙俐齿，于是把他调到了促销组。促销组的工作轻松了很多，而且还有提成，南一干得更起劲了。每天他都是第一个到超市，把自己的促销台整理得干干净净，遇到客户咨询，他总是面带微笑，详细为客户讲解。于是，他的产品卖得是最快的，月底的工资也是最高的，南一对此很满意。

由于南一的工作突出，很快，超市领导决定让他管理整个促销小组，做了主管的南一工作更努力了。促销时，厂家都会给超市很多赠品，一天下班前，南一清点促销赠品时发现，赠品剩下了很多。经过询问才知道，有的促销员因为太忙，忘了把赠品送给顾客。突然，南一灵光一现，他想："要是把这些赠品都拿出去卖，说不定也能挣不少钱啊！"于是，南一就把当天多余的赠品收集起来，带回了家。

当赠品越积越多，南一拿了一部分赠品到小区门口的小卖部代卖，赠品很快就卖完了，收入很客观。尝到了甜头的南一一发不可收拾，往家带的赠品越来越多，也从以前忘记给赠品变成了故意扣下赠品。正当南一沉浸在意外收获的喜悦中，超市的督查找到了他，在事实面前，南一无从狡辩，只得承认了。最后，南一不光丢掉了工作，还赔偿了一笔钱。

南一靠着自己的勤奋，从理货员一步步走上了主管的岗位，可谓是事业小有成就，但是，却由于一个小小的贪念，他之前的努力都白费了。作为一个员工，我们千万不要被贪欲控制，做出让自己后悔终身的事。

面对贪欲，有的人懂得控制，有的人根本就无法控制。如果我们被贪欲控制，那么，我们做事可能将毫无底线，最终害人害己。如果我们能够很好地控制贪欲，那么，它将会成为我们向上的动力。

刘茵大学毕业后应聘到一家公司做行政助理，公司规模不小，刘茵主要负责公司的快递业务和办公采购。听说换了新人，一些做办公用品的公司纷纷上门，希望刘茵能够采购他们的产品。话里话外的意思是只要刘茵选用了他们的产品，她就可以拿到回扣。刚开始刘茵不为所动，表示要认真考察后再决定。一些供应商不死心，经常给她送些小礼物，渐渐地，刘茵没有经受住诱惑，开始收下一些化妆品和零食。最后，刘茵象征性地考察了几个办公室用品店，就和一个最“殷勤”的店达成了意向。但很快麻烦接踵而至，这家店的A4纸太粗糙、签字笔不流畅，同事对此的抱怨越来越多。一天，经理找到刘茵，说：“小刘，你还年轻，前途无量，要把工作做好，不要只看眼前的利益。”刘茵被一语点醒。

当公司的快递合作合同到期后，那些快递公司也到公司找刘茵，但这次刘茵却不为所动。她去了几家大的快递公司考察他们的实力，最终选择了一家服务好的公司。从那以后，刘茵把所有精力都放到了工作上。两年后，当主管离职后，她就成了办公室主管。

贪图眼前的利益，最终会吃大亏。职场中，当你手握权力的时候，肯定会有很多人以各种理由给你好处，但你要明白，他们的好处不会白送，一定是希望你给予他们便利，最终受损失的依然是公司的利益。而且，天下没有不透风的墙，做了损公肥私的事情，最终你自己也会受到处罚。

过度的贪欲只会给我们带来无尽的烦恼。古语有云："壁立千仞，无欲则刚。"当一个人没有贪欲时，就能做事公正，一身正气。一个人没有贪欲，就会处处考虑企业利益，这样的人自然能获得领导的赏识、同事的信任。

请你记住：

· 贪欲会让一个人变得不择手段，最终不光会断送自己的前途，甚至会锒铛入狱。

· "贪小便宜吃大亏"，看似自己占了一点小便宜，殊不知，自己却因此失去了更多的机会。

学会控制自己的情绪

情商就是指一个人自我情绪控制的能力。情商高的人，无论到哪里都受人喜欢；情商低的人，不但自己情绪失控，还经常让身边的人感到不快乐。

在工作中，面对客户无端的责难和无理的要求时，我们伤心；工作中受到不公平的待遇时，我们愤怒；当听到被提拔的消息时，我们狂喜。如果缺乏自制力，情绪容易波动，我们就会给人留下一种不稳重、难亲近的感觉。

夏夏是个“直性子”的女生，她心直口快，有什么说什么，因此，她的人缘不是很好，很多人对她都是敬而远之。

毕业后，夏夏进入一家广告公司工作。在公司里，她依然是以自我为中心，从不掩饰自己的情绪，和她在一起的同事总是听到“这家餐厅的服务员态度真差”“我男朋友对我一点都不好”“新来的同事什么都不懂，麻烦死了”之类的话。

一天，刚刚下班，夏夏满心欢喜地准备回家，这时，领导突然让她加班，她满脸不乐意，推说自己晚上有事。领导告诉她不会太久，很快就好。虽然夏夏留了下来，但她一直在埋怨。同事问她问题，她就大声嚷嚷道：“都问我，我怎么知道，不会自己去查吗？”领导过来问进度，夏夏嘟囔道：“就知道催，越催越慢。”领导虽然听到了，脸色变得很难看，但当场没有发作。

身边的朋友提醒她不要在公共场合表达对同事和领导的不满，这是职场大忌。她却说：“我就是这个脾气，谁让我不爽，我就得让谁知道。再说了，工作这事，少了谁不能干啊，他们不愿和我合作，我还懒得和他们合作呢！”

就这样，夏夏和同事的关系处得越来越差，甚至影响到了部门的工作业绩，没有业绩，奖金自然也没有了着落。最后，同事们甚至集体要求领导将她调走，夏夏知道后，“怒发冲冠”，直接把同事们全骂了一遍。现在的夏夏已经被公司解聘了。

喜怒哀乐乃人之常情，正面情绪能够助推我们前进，而负面情绪则会阻碍我们发展。但是，人不可能总在顺境之中，当逆风而行，产生负面情绪时，我们就要调节自己的情绪，摆正心态，化悲痛为力量。

公司新来的同事小胡是个“90后”的小伙子，在人们的印象中，“90后”是特立独行的，但是，和小胡相处一段时间后，大家发现小胡没有大多数“90后”的孤傲，他的人缘超级好，不但同事和他相处融洽，连客户都很喜欢他。

有一次，公司派小胡和一个老员工一起去郊区考察一个合作项目。本来和客户约好了9点见面，但他们左等右等，一直等到10点，客户还没来。电话沟通后才知道，客户临时有事来不了。老员工气得大骂，满嘴牢骚，旁边的小胡不但没有抱怨，依然笑容满面。

小胡说："没有必要生气，客户虽然没来，但是，咱们可以自己考察，没有客户的陪同，咱们的调查会更真实、更全面的。"

听了小胡的建议，刚才还眉头紧锁的老员工立马打起精神来。随后，他们从周边环境、群众反馈等方面入手，确实得到了很多有价值的意见。

不管什么时候，小胡都能很好地控制自己的情绪，并能很快找到解决问题的办法。

小胡就是善于控制情绪的职场典范，由于他的沉着冷静，他们才完成了公司交代的任务。控制好自己的情绪，我们才能与同事和谐相处；控制好自己的情绪，我们才能得到上司的重视；控制好自己的情绪，我们才能在职场中获得更好的发展。

控制情绪说起来容易，但是做起来很难。要想控制好自己的情绪，关键要从改变思维方式入手，以积极的思维方式看待问题，使消极的情绪自动转化为积极的情绪，从而控制自己的情绪。

控制情绪最好的方法就是学会换位思考。比如，我们花了很长时间做出来的方案，由于考虑得不全面，方案还存在漏洞，于是，我们被领导批评了一顿，我们感到很委屈。如果我们站在领导的角度重新审视这个问题，领导要向公司负责，所以，他只会看工作成果，批评我们就代表我们还有提升的空间，这样一想，我们就会豁然开朗。所以，我们要学会站在别人的立场来看待问题，这样，很多矛盾就会自然化解。

不论是在职场还是在生活中，情绪化都是最无能的表现，能用脑子解决的事情，千万不要用情绪来解决。因为情绪化不仅无法解决问题，甚至可能会让问题变得更加严重。

请你记住：

·善于控制自己的情绪，会让你获得良好的人际关系。

·情绪化不仅无法解决问题，甚至可能会让问题变得更加严重。

自觉遵守企业的规矩

没有规矩，不成方圆。一支战无不胜的军队，靠的是铁一般的纪律；一家不断发展的企业，靠的是严格的制度和管理。

有的员工存在着“不守规矩也没事”的思想，这是大错特错的。也许你只是犯了一个小错，并不会影响企业的发展，但是，其他员工可能会有样学样，最终导致规矩形同虚设。每个员工都应该自觉遵守企业的规矩，养成按规矩办事的习惯。

李强家境贫寒，高中毕业后，他就出门打工。由于学历不高，他应聘到一家工厂当保安，岗位虽平凡，李强却格外珍惜这份工作。

一天，轮到李强当班，刚上班不久，李强就看到经理领着一个客人往工厂里走。李强连忙走上去拦住了两人，对着那个客人说：“对不起，先生，您不能进去，我们这里有规定，进入厂区的人员必须戴安全帽，不然不许进工厂。”经理瞪着他，说道：“这是我们的董事长，要下到车间视察。”李强却说：“这是公司的规定，我必须按规定办事，我必须对你们的安全负责！”这时候，客人笑着说：“你说得非常有道理，如果都不按规定办事，那么迟早会出事故的。咱们还是先戴上安全帽，再进去参观吧。”

李强并没有把这当回事，但几天以后，他得到了一笔奖金，并被升为班长。

讲规矩，既是基本的生活常识，也是我们做人的准则，又是职场的必然要求。当今社会，能做到严格守规矩的人并不多，所以，守规矩在职场显得难能可贵。守规矩是工作所需、事业所需、发展所需。

王毅在一家工厂当仓库管理员，他在这个岗位上一干就是15年。王毅为人老实，工作踏实，很少出错，同事们尊重他，领导也都信任他。

但是，最近王毅的心思有点乱，新认识的一个同乡总是为他“打抱不平”，说他太老实，为工厂奉献了这么多年，什么都没得到。起先王毅并不在意，但是，听得多了，他在心里也开始为自己叫屈。一天，当他自己值夜班的时候，一时鬼迷心窍，居然把仓库里的一台机器拉走卖了。

不久就东窗事发了，虽然他盗窃的产品数量不大，但性质恶劣。由于王毅是厂里的老员工，平时找他帮忙的同事很多，大家与他关系都不错。于是乎，当老板准备依据公司的制度惩罚王毅时，很多员工都来求情。

老板生气地说：“厂里的规章制度通过了大家的认可才出台的，既然有了制度，就要按制度办事，绝不能徇私情。如果公司制度因为他被破坏，那么，以后谁还会遵守呢？”结果，王毅受到了严惩。

在这件事中，王毅破坏了规矩，违反了岗位制度，干出了监守自盗的事；厂长顶住压力，严格按照公司的制度给予王毅相应的处罚，维护了制度的严肃性。

所以，作为一名员工，我们必须严格按规章制度办事。只有按制度办事，才能维护制度的威信，才能维护公司的利益，才能树立自己良好的形象，才能获得同事的信任。

请你记住：

· 遵守规则才能维护公司的权威，才能树立自己良好的形象，才能获得同事的信任。

· 讲规矩，既是基本的生活常识，也是我们做人的准则，又是职场的必然要求。

自律让你脱颖而出

我们大多数人没有殷实的家境，也普遍没有过人的天赋，想要从芸芸众生中脱颖而出，我们就必须自律。自律是什么？自律是一种高度的自我约束、自我管理，主要是对自己的时间、精力、情绪、资源等进行自我管理。

大家都听说过10万小时定律，如果你能在某一个行业或者领域坚持奋斗10万个小时，那你就是这个领域里数一数二的专家，你就是这个行业的成功者。

自律对每个人来说很重要，是一个人在工作中的立身之本。那些成功人士绝不会懒散拖沓，他们都高度自律，并一直保持好习惯。企业虽然并不是军队，有些企业甚至会故意营造一种相对宽松的工作氛围，比如上下班时间自由、上班时间不需要着正装等等，但是，这并不代表你就可以在这样的环境里放纵自己。

尚桦是一家公司的运营专员，主要工作就是跟踪销售数据，并对销售数据进行汇总分析，形成报告，帮助领导制定下一步的销售计划。虽然工作量不大，但工作很杂、很细。为了把每项工作都做好，尚桦给自己制定了一套工作时间表，比如上午八点半到十点，她需要将昨天各个销售员反馈的销售数据进行汇总统计，并将数据上报给经理，十点到十一点半，制定第二天的行动计划，下午两天半到四点，跟踪收集销售员市场走访情况，对没有达到要求的及时督促，四点到五点，回顾一天的工作，查找疏漏。

运营专员的工作千头万绪，如果自己不理清思路，不把每天的工作按照流程进行细化，只是凭着自己的感觉，想做什么就做什么，那么，很多工作就会被耽误。尚桦用一张时间表把自己逼得紧紧的，绝不允许自己后退一步、松懈一天。

我们必须学会打理自己的工作，合理安排自己的时间，严格要求自己。当自己习惯了以后，那么，我们工作起来就会变得得心应手。

工作就是一场修行，我们不能指望上司的安排和督促，一旦你的工作需要在监督下才能完成，那么，你的职业生涯将不会有太大发展。将自律贯穿于工作之中，自觉完成工作，你自然会收获不错的成就。

刘洋是一家公司的销售员，公司对于销售员的限制不多，工作时间和地点比较自由，只要能完成业绩任务就可以了。什么时候去和客户见面，给客户推荐什么样的产品，怎样和客户建立良好的合作关系，都需要销售员自己规划和安排。所以，自律对于销售员来说至关重要，忙的销售员一天可能连口水都顾不上喝，而闲的销售员可能一天都没什么事情做。

刘洋刚来到公司，为了尽快熟悉业务，他每天跟着其他销售员一起出去，很快，他就对业务知识了如指掌。刘洋明白一个道理，坐在办公室里是不可能等到客户的，必须走出去，于是，他给自己制定了详细的工作计划。每天上午刚到公司，他就拿出一个小时的时间整理客户资料，并准备好宣传材料，接下来开始拜访客户，一天必须完成5个拜访任务，下午回到公司，再拿出一个小时的时间，将这5个客户进行分类，针对不同客户制定不同的后续销售计划，努力提高签单成功率。

对于已经签单的客户，他也会积极跟踪，了解订单完成情况，询问客户的后续要求。就这样，半年后，刘洋的业绩已经能够和老同事比肩。一年后，他的业绩已经是全公司第一。

销售员的时间非常自由，既可以跑遍城市的各个角落，也可以坐在咖啡馆里偷闲。刘洋的业绩之所以会如此好，就是因为他用高度自律的精神管理好自己的时间，把全部精力都放在拜访客户、推销产品上。

朋友圈里经常有朋友晒健身照、学习照，我们一边羡慕他们健美的身材和渊博的学识，一边窝在沙发里无动于衷。自律的人，总是把自己的生活和工作安排得井井有条，而不自律的人，总是无所事事，一边告诉自己有很多工作要做，一边却刷着朋友圈、看着电影。

职场中，我们每天都有很多工作需要完成，有的千头万绪，有的杂乱无章，为了保质保量地完成工作，我们必须学会自律。工作开始前，我们可以根据工作的轻重缓急，列出一个工作时间表，规定在什么时间干什么工作，这样有章可循，工作才不会出问题。

我们一定要在自己身上打上自律的烙印，当领导认为你是个自律的人时，他们就会无比信任你，而这种信任会让同事更愿意帮助你，让领导更愿意把重要的工作交给你。你得到的机会越多，成长自然更快。反之，如果你在工作中做不到自律，失去的不仅仅是晋升的机会，更有可能丧失前进的动力，最终一事无成。

请你记住：

· 自律就是自由，因为真正的自由，是所有事物都在你的掌控之中，是所有时间你都能控制。

· 自律的人在工作中永远都是积极主动的，他们善于主动寻求问题答案，而不是停下来听从领导的安排。

第十章　完美——让自己无可替代

有人平庸一生，是因为他们拒绝追求完美；有人脱颖而出，是因为他们凡事都做到极致。只有不断进取，不断制定更高的标准，树立“没有最好，只有更好”的观念，才能成为公司里那个无可替代的人。